Les lecteurs en parlent !

« Une lecture parfaite pour avancer dans ma quête de bien-être, qu
relativiser sur la notion de bonheur et la course perpétuelle au mieux, en remettant l'humain dans son contexte et son cadre. Plutôt qu'une notion d'acceptation servile et négative, l'auteur présente une idée dynamique et positive qui semble à la fois applicable et vraiment intelligente. Un coup de cœur que je vais offrir et conseiller autour de moi ! »

Carol-Ann, de @bbtiz

« Scott Haas nous donne des pistes de réflexion sérieuses et profondes sur notre manière de vivre. Rien n'est superficiel, il nous apprend à considérer le monde au-delà de notre “je”, grâce à la culture nippone. Lenteur, exploration d'autrui, exploration de notre essence : tout dans notre quotidien peut nous mener à l'harmonie. »

Lilén, de @thetoucantherapy

« Cet ouvrage m'a permis de me recentrer, de prendre conscience de l'importance de savourer nos instants de vie, aussi futiles qu'ils puissent être, et surtout de dépenser de l'énergie pour ce qui est nécessaire. La colère, la frustration et la tristesse ne nous appartiennent pas : à quoi bon se laisser emporter par ce flot d'émotions ? »

Naïs, de @atelier_des_decouvertes

« *Ukeireru* est à la fois un récit de voyage, intérieur comme extérieur, et un livre de développement personnel ; ou plutôt d'apaisement personnel, car le but de l'acception, semble-t-il, est de mieux vivre avec soi-même et avec ce qui nous entoure. Ne plus s'accrocher à ce qui n'est pas, à ce qui devrait être. Il n'y a ici aucune obligation à la positivité forcée, mais plutôt des conseils que nous pouvons appliquer au quotidien, par de petits changements qui ont de grands effets. »

Pauline, de @lesparentheses_

« Le regard de l'auteur ne porte aucun jugement mais soulève beaucoup de questions. Son observation est sensible et réfléchie. Un livre accessible, très bien documenté, qui nous donne quelques clés de compréhension de la culture japonaise. »

Christel, de @les__miscellanees_de_cookie

« L'auteur nous plonge au cœur de ce que nous, Occidentaux, avons tant de mal à assimiler : l'acceptation comme source de bien-être au quotidien. Cérémonie du thé, bains publiques, siestes, ou envoutante beauté du silence : nombreuses sont les traditions japonaises que l'on peut intégrer à notre quotidien pour le rendre meilleur dans la plus grande simplicité. Scott Haas exprime sa passion anthropologique pour le Japon avec beaucoup d'originalité et d'émotion, n'hésitant pas à faire intervenir de nombreux auteurs (japonais ou non) dans ses écrits afin d'illustrer ses propos. Des découvertes dans la découverte. Si notre relation aux autres est loin d'être la même que celle des Japonais, c'est une occasion nouvelle d'expérimenter autrement notre quête éternelle du bonheur. »

Marie, de @troublebibliomane

Scott Haas

Ukeireru

Apprendre l'acceptation avec la sagesse japonaise

Traduction de Marion McGuinness

LEDUC.S PRATIQUE

Titre original : *Why Be Happy? The Japanese Way of Acceptance*

Édition française :
Correction : Anne-Lise Martin
Design de couverture : Antartik
Conception graphique et mise en page : Istria

10, place des Cinq-Martyrs-du-Lycée-Buffon
75015 Paris France
ISBN : 979-10-285-1933-9

Dédicace

Pour le Dr Reto Dürler, mon plus vieil ami. Une personne dont la passion pour la nature, depuis sa connaissance des oiseaux jusqu'à son intérêt pour les montagnes suisses, façonne ma pensée, approfondit ma conscience et renforce ma compréhension. Et, bien sûr, pour m'avoir parlé de *Braunwald : Hoch über dem Alltag*.

Épigraphe

Une vie plus longue encore
donnerait à l'instant présent une nouvelle couleur
puisque le monde d'un passé
d'affliction est ravivé par
la mémoire que j'en teins.

Fujiwara no Kiyosuké*, XIIe siècle

Ce poème fait partie d'une collection de cent poèmes qu'il convient de mémoriser pour jouer au jeu de cartes traditionnel appelé *Hyakunin-isshu* (« Cent poèmes »).

* Traduction parue sur le site de Patrick Simon et Revue du tanka francophone (N.D.L.T.).

Sommaire

Chapitre 1

LE MONDE

Attendez, quoi ? Le Japon ? Qu'est-ce que le Japon aurait à nous apprendre sur le bonheur ?

Beaucoup de choses en fait, et il m'a fallu des années pour comprendre tout ce que ce pays peut nous enseigner. Je suis d'ailleurs toujours perplexe et j'essaie de donner un sens à tout cela. Certaines questions clés ont modifié ma vision du bonheur, inculquée depuis mon enfance.

Au Japon, le bonheur n'est pas une expérience privée. Et le bonheur n'est pas vraiment un objectif en soi. C'est l'acceptation qui en est un.

Ce que le Japon fait *de mieux*, et ce que nous pouvons apprendre de sa culture, c'est d'éviter la douleur d'être seul au monde. Accepter la réalité, passée et présente, et accueillir tout ce qui ne dure pas sont des éléments fondamentaux de la vie au Japon. Passer du temps au Japon, étudier sa culture et s'efforcer de comprendre comment les gens là-bas planifient, organisent, s'aiment, se considèrent eux-mêmes, ainsi que la nature : tout cela a changé ma façon d'envisager et de gérer le stress.

Tout le monde ne réussit pas à s'intégrer à la multitude des groupes au Japon, et l'isolement est un problème de notoriété publique, comme c'est le cas en Occident pour les personnes âgées, les marginaux et les personnes souffrant de maladies mentales chroniques.

Mais les différences entre Occident et Japon sont immenses. Les possibilités d'inclusion existent bel et bien au Japon, depuis les bains collectifs jusqu'aux parcs publics sécurisés en passant par les immenses sanctuaires et temples ouverts à tous dans tout le pays. Des rencontres sociales ont lieu (depuis l'ère Taisho, entre 1912 et 1926), en partie grâce à l'occidentalisation qui a fait tomber les barrières et les hégémonies. Les groupes sont au cœur de l'existence dès le plus jeune âge, les enfants s'habillant tous de la même façon et mangeant exactement les mêmes repas scolaires. Les attentes sont si évidentes et si répandues que la plupart sont simplement tacites : tout le monde dans le pays sait comment se comporter à la maison, à l'école, dans les magasins, au restaurant et au travail – et ces attentes ne varient pas beaucoup d'une personne à l'autre (bien que les préjugés sur le sexe et l'âge et l'homogénéité restent très ancrés et contraignants).

Par-dessus tout, ce que l'on est en tant qu'être humain au Japon, son identité, est tout autant défini par l'appartenance à certains groupes que par ses propres caractéristiques, opinions, goûts et aversions.

Ayant grandi aux États-Unis, je crois en nos vastes possibilités culturelles : l'esprit d'ambition et de réussite de chacun, le message du « *Yes, I can* » (Oui, je peux), la tolérance et la créativité extraordinaires, la disposition à tenter de nouvelles approches pour obtenir des résultats, *la férocité de l'individualisme*.

Et c'est là que le Japon entre en jeu.

Observer, écouter, faire silence, accueillir ce qui nous entoure, considérer les problèmes comme des *défis*, réagir beaucoup moins, et, par-dessus tout, pratiquer l'acceptation : tous ces éléments sont à l'apogée de la manière dont vous vous comportez envers vous-même et envers les autres. Si ces comportements existent tous ailleurs, bien sûr, car ils sont caractéristiques de notre espèce, au Japon, ce sont les pierres angulaires du développement institutionnel et systémique.

Savoir que *qui je suis* est intimement lié à la notion de *avec qui je suis* est libérateur. Le chemin vers l'auto-analyse et l'auto-satisfaction est sans fin, paradoxalement limitant et particulièrement aliénant.

Qui a besoin de privilèges quand on peut avoir une appartenance ?

Aucun endroit ne m'a apporté un plus grand équilibre de vie, autant de calme, de patience, de respect pour le silence et l'observation, et une telle acceptation de l'idée selon laquelle le groupe et la nature comptent plus que les besoins de chacun. L'individualisme que nous apprécions en Occident est *complété* par la conscience que les plus grands plaisirs de la vie naissent de la satisfaction d'autrui.

Lorsque les autres souffrent, et que nous faisons preuve d'empathie, notre bien-être s'en trouve diminué. Je veux dire par là que lorsque nous pratiquons l'empathie, cela implique d'absorber la douleur des autres. En tant que clinicien, lorsque j'entends, par exemple, des récits terrifiants de deuil, de honte et d'isolement, mon bien-être s'en trouve réduit. Cela explique, en grande partie, pourquoi les personnes qui souffrent de manière évidente aux yeux du monde sont souvent rejetées, blâmées ou craintes. Plus nous compatissons à la douleur des autres, plus nous reconnaissons que leur condition fait partie de notre identité.

Pensez-y de la manière la plus pragmatique possible : si votre enfant, votre conjoint, votre parent ou votre ami cher souffre, votre bien-être, parce que vous vous sentez en partie responsable et parce que cette personne a une place dans votre cœur et votre conscience, est diminué. Si mon fils, ma fille ou ma femme souffre, je ne peux pas envisager d'être heureux.

Je suis parfaitement capable de créer mon propre stress, et même plutôt doué pour ça, et issu d'une famille où le stress était totalement normalisé, j'ai toujours eu tendance à répéter les mêmes erreurs familières.

Et ce n'est pas seulement moi. Ce n'est jamais « seulement soi » – comment ce serait possible ?

Lorsque je reçois des gens au bureau trois matins par semaine au Service d'aide à la réinsertion, dans le quartier défavorisé de Nubian Square, à Boston (Massachusetts), que je fais des évaluations de handicap pour des sans-abri ou des personnes démunies, maltraitées ou récemment sorties de prison, et que je retourne ensuite en voiture jusque dans mon quartier privilégié de Tony, à huit kilomètres de là seulement, je constate avec un grand soulagement que la réussite et la sécurité ont beaucoup moins à voir avec la motivation personnelle qu'avec l'origine ethnique, le sexe et l'économie.

J'ai trouvé l'aide dont j'avais besoin, j'ai trouvé ce qui me manquait, en intégrant les expériences vécues au Japon à ma vie ici.

Ajouter des habitudes japonaises à mon quotidien, peu à peu, et même goutte à goutte, a fondamentalement changé ma vision et mon expérience du stress, mes tactiques pour l'éviter et pour accepter le monde tout en essayant de changer ma position à l'intérieur de celui-ci.

Pushing the World Away (« Repousser le monde ») est le nom d'un des albums du saxophoniste de jazz Kenny Garrett, et comme il parle japonais et a passé beaucoup de temps au Japon, le titre est symptomatique de la manière dont lui et d'autres, moi y compris, envisagent cette culture.

Quand j'ai discuté avec Garrett, il m'a dit : « Le Japon a toujours été mon deuxième chez-moi. » Inspiré par la culture nippone, il a ajouté : « Ma musique vous attire, vous attire, vous attire, vous attire. L'énergie que nous utilisons pour repousser le monde est une énergie que nous pouvons utiliser de manière positive. »

C'est le concept de l'acceptation japonaise en un mot. Repousser le monde dans une approche fervente pour créer des expériences qui ont du sens, qui nous rapprochent les uns des autres, et de la sensualité d'être en vie.

En intégrant à mon quotidien des activités et des pratiques simples venues du Japon, je ressens moins le stress lié à ma propre histoire ainsi qu'à mon travail avec des personnes privées de leurs droits, dont les histoires sont profondément marquantes. Rien n'est jamais vraiment acquis, et certains jours sont plus faciles que d'autres. Bien sûr, j'ai plus de ressources avec lesquelles travailler, grâce à l'utilisation de l'observation, du silence et, surtout, de l'acceptation sous ses nombreuses facettes. J'ai plus de moyens à ma disposition pour comprendre et réduire le pouvoir destructeur du stress.

Ce ne sont pas les secrets du bonheur : ce n'est pas une façon d'échapper aux défis auxquels nous sommes confrontés en tant qu'êtres humains et citoyens responsables. Non, c'est une manière différente de voir les choses, pour paraphraser John Berger, qui s'ajoute à nos perspectives actuelles[1].

Cette méthode offre différentes possibilités.

Il y a quelque temps, le concept d'*ikigai* est devenu très populaire, présenté comme une loi ou un secret qui, une fois appris, vous mettait sur la voie du bonheur. Mais le Japon ne s'intéresse pas seulement à la question du bonheur. En plus, l'histoire du pays est marquée par la force d'âme, la résilience et l'idée de communauté[2].

Ce que le Japon offre, ce sont des moyens véritablement et fondamentalement différents de faire les choses, de se considérer comme partie intégrante de la nature, de créer et d'être utile aux communautés, et d'accepter notre très bref séjour sur Terre.

Juste pour être clair : les Japonais n'ont pas accaparé le marché par l'empathie. Loin de là. Au quotidien, la vie au Japon est souvent caractérisée par l'indifférence – les gens ne semblent pas vouloir réagir à ceux qui les entourent. *Et si je dis ou fais ce qu'il ne faut pas ? Et si je dérange ? Que vont penser les autres de moi ?*

En même temps, il existe *généralement* (mais pas toujours) un sentiment de sécurité publique et un civisme extraordinaires, rendus possibles grâce à une cohésion puissante et primordiale établie, à bien des égards, depuis le premier jour. Les structures externes sont là pour fournir ce qui est nécessaire ; l'individu n'a pas *besoin* de réagir beaucoup. Tout est pris en charge.

Cependant, lorsqu'une crise survient, une crise telle que les structures externes ne suffisent plus à résoudre les problèmes, que doit faire l'individu ? Habitué à se tourner vers le groupe pour trouver du sens, il peut avoir du mal à savoir comment agir et quoi faire.

Mon exemple artistique préféré se trouve dans *Entre le ciel et l'enfer*, le film d'Akira Kurosawa de 1963, dans lequel un riche industriel de Tokyo est obligé de choisir entre être ruiné en affaires et sauver la vie de l'enfant de son chauffeur.

Mettant de côté son égoïsme, dû à l'américanisation du Japon d'après-guerre, comme le suggère le film, le personnage de Kingo Gondo (joué par Toshiro Mifune) démontre que l'empathie l'emporte sur le profit.

Le film a été réalisé à l'époque où la croissance du Japon s'accélérait, ses industries en plein essor, rattrapant l'Occident, s'apprêtant même à le dépasser. Kurosawa affirmait que les valeurs fondamentales de la culture nippone étaient menacées de disparaître, absorbées par les concepts occidentaux de réussite.

Que perdait-on alors, se demandait-il ? Le film implique que l'empathie est l'essence de la culture japonaise et ne doit pas être sacrifiée par l'adoption de valeurs occidentales basées sur une avidité égoïste. Aider les autres, comprendre et accepter que nous faisons partie d'une communauté, c'est pour Kurosawa ce que veut dire être japonais. Selon lui, l'égoïsme et l'avidité sont des tentations imposées par les Américains qu'il faut rejeter.

Je sais : c'est un film nationaliste !

Pour autant, aux États-Unis, l'altruisme et l'empathie sont partout. Que ce soit par le biais de liens religieux, de valeurs communautaires, de familles solidaires et attentionnées, ou simplement un penchant naturel à prendre soin des gens, les Américains trouvent chaque jour des moyens d'aider les autres.

Le grand joueur de baseball américain Jackie Robinson a déclaré : « Une vie ne compte que par l'influence qu'elle a sur d'autres vies. »

La solitude, la séparation entre les personnes, et avec la nature, l'égoïsme qui imprègne trop souvent la vie : ces questions stressantes sont abordées au Japon dès le plus jeune âge.

L'appartenance à une famille, une école, une entreprise et une communauté est renforcée au Japon par pléthore d'activités, de comportements et de manières d'être auprès des autres au quotidien, en pratiquant l'observation, l'écoute, mais aussi les excuses (beaucoup !) et enfin l'*acceptation*.

Les *han* (groupes) des écoles primaires, les bains publics, les relations tacites et la bienséance publique font partie de cet effort ou de ce consensus. Lorsque des individus au Japon participent dans chacun de ces contextes, leur individualisme est modelé par ceux qui les entourent. Dans une école, les élèves doivent porter le même uniforme et manger le même repas. Dans les bains publics, où l'on se retrouve nu parmi des inconnus ou des personnes familières au sein de la communauté, l'intimité n'est plus possible. Le silence dans la foule sur les trottoirs suggère que tout le monde est uni (que cela plaise ou non). Toutes ces représentations culturelles et ces comportements acceptés créent un sens des responsabilités partagées qui se manifeste par des comportements sains, des communautés très fonctionnelles, une formidable infrastructure publique et une impressionnante longévité[3].

Rien n'est jamais sûr, mais il est certain que le fait de penser davantage aux autres et d'observer son environnement entraîne une prise de conscience : on n'est pas seul et pas si important que ça, ce qui devrait être un soulagement. Le bien-être passe par l'aide aux autres et l'intégration au groupe.

L'idéal de communauté reste un pilier et une constante des impératifs culturels du Japon. Ses objectifs sont ancrés dans la conviction que faire partie d'un groupe est plus important que d'affirmer son individualité. L'affirmation de soi – qui consiste à formuler des exigences individuelles qui ne sont pas exprimées par le groupe – est mal vue dans la culture japonaise.

J'ai eu la chance d'avoir des amis nippons dont la patience à mon égard et la capacité à rire de mes nombreux impairs m'ont permis d'approfondir ma conscience. Je n'avais jamais visité, tant s'en faut, un pays où les relations sont plus primordiales, où la personne avec qui vous travaillez compte davantage que les questions contractuelles.

Le Japon est également très didactique. Mes amis me corrigent constamment et prennent le temps de me montrer la bonne manière de faire les choses. Qu'il s'agisse de donner sa carte de visite à quelqu'un, de savoir ce qu'il convient de demander au début d'une réunion avec un nouveau collègue ou comment se comporter à bord d'un train, mes proches japonais m'ont appris à mieux m'intégrer.

Les innombrables expériences que j'ai vécues au cours de mes premières années de travail au Japon confirment la justesse de ces enseignements.

Lors de mon premier voyage, je me suis rendu à Niigata, une préfecture au nord-ouest de Tokyo, sur la mer du Japon, aux alentours de 2005. J'en avais parlé à Rocky Aoki, ancien lutteur olympique et fondateur de la franchise Benihana, qui connaît un énorme succès, et lui avais demandé à quoi je devais m'attendre. Avec humour, il a appelé cette région « l'Oklahoma du Japon ». Cette conversation s'est déroulée dans les appartements luxueux de Rocky sur la Cinquième Avenue de Manhattan, avec vue sur la cathédrale Saint-Patrick, et à ses yeux, Niigata était tout bonnement provincial.

« Rien de bien intéressant, a annoncé Rocky. Que des bottes de foin ! »

Mais c'était tout le contraire. Sophistiquée, reconstruite de fond en comble après la guerre, que rien ne soit laissé au hasard, Niigata ressemblait à une grande ville industrielle des États-Unis.

Heureusement, mon ami Takeshi Endo, qui m'avait invité dans sa ville, m'a accompagné pour s'assurer que je me comportais correctement. J'avais été embauché par l'association des brasseurs de saké de la préfecture, que Takeshi connaissait pour la plupart grâce à son entreprise agroalimentaire, pour les aider à faire connaître leurs boissons aux États-Unis. Le saké Niigata, au cas où vous vous poseriez la question, est considéré comme l'un des meilleurs du Japon en raison de la pureté de l'eau issue des abondantes chutes de neige annuelles[4].

Enfin bref...

Takeshi s'est littéralement posté à côté de moi et m'a expliqué comment distribuer ma *meishi* (carte de visite), comment accepter la carte de la personne que je rencontrais, comment observer la carte, ce qu'il fallait dire après l'avoir reçue et où la ranger ensuite.

« Dis-lui que tu es reconnaissant d'avoir été invité, me murmurait-il à l'oreille. Décris ton hôtel en termes favorables. Ajoute que tu le remercies de la confiance qu'il t'accorde. »

Bien sûr, tout ça n'est pas complètement spécifique au Japon, mais ce qui était différent, et crucial, c'était la précision et le déroulement des étapes à suivre. Et l'implication limpide qu'il n'y avait pas d'alternative : il n'y a qu'une bonne façon de faire les choses. J'ai adoré la clarté – quel soulagement ! C'était comme un échafaudage : une structure de soutien solide.

Je devais lire la carte et prononcer le nom et la profession de la personne tout en la regardant brièvement dans les yeux. Puis dire quelque chose montrant à quel point j'étais impressionné par cette profession. Ensuite, la personne faisait de même avec ma carte. Enfin, chaque carte devait être tenue entre le pouce et l'index au niveau des coins inférieurs, et alignée parallèlement au rebord de la table, et placée devant la personne la recevant, le nom et la profession bien lisibles. Takeshi et moi avions discuté des pauses entre mes questions et mes déclarations plus tôt dans la journée : où s'asseoir lors d'une réunion d'affaires, où se tenir dans un ascenseur, s'incliner ou non, comment s'incliner, serrer ou ne pas serrer la main.

Mes amis savaient déjà tout ça comme je savais lacer mes chaussures, et cela donnait de la structure et du rythme à la journée. À Tokyo, Yuko m'a expliqué comment commander des nouilles dans une échoppe : où se tenir, comment faire la queue, où insérer les pièces de monnaie dans une machine à l'entrée qui émettait des tickets pour chaque choix, qu'il fallait remettre à l'hôte ou à l'hôtesse, qui les apportait ensuite aux cuisiniers. Shinji m'a enseigné quelles phrases dire pour remercier un chef après un repas. Yumi m'a montré ce qu'il fallait faire quand on quitte un restaurant et que le personnel nous salue de la main depuis le trottoir, s'inclinant encore et encore jusqu'à ce que nous disparaissions de sa vue. Jiro m'a indiqué où m'asseoir dans une voiture et comment complimenter un fermier quand il nous montrait les canards qui dévoraient les insectes détruisant son riz.

Alors que Jiro et moi sortions d'un salon de thé irlandais, au fin fond de la préfecture d'Ishikawa, une parfaite reproduction née de la fortune et du fanatisme de son propriétaire, qui avait fait venir d'Irlande des meubles et des menuisiers, j'ai reçu la consigne suivante : « Dis-lui qu'il a un beau costume. »

Vous en saurez plus sur chacune de ces personnes au fil des pages de ce livre.

Ce que l'enseignement sans fin au Japon offre, c'est un ensemble de marques de respect confortables qui ajoutent à la confiance et au sentiment d'appartenance. C'est en fait comme une énorme collection de poignées de main secrètes. Et une fois qu'on est dans la confidence, c'est rassurant et c'est une excellente manière de se débarrasser de nombreux obstacles et de blocages.

Enfin moi, en tant qu'étranger, je suis une source de divertissement. Les gens m'observent. Que j'aie tort ou raison, c'est toujours amusant pour les natifs. Comme cette fois où, dans un restaurant, j'ai plié l'emballage de mes baguettes en un minuscule accordéon, avant de les poser dessus.

Takeshi s'est mis à rire.

« Qu'est-ce qui est si drôle ?

– Une femme japonaise t'a appris ça, dit-il.

– Ah ?

– Un homme ne ferait jamais ça.

– Et alors ?

– Pas de problème, ajouta-t-il en riant encore. Je dis juste ça comme ça. »

Et quand je fais parfaitement ce qu'il faut et que je montre toutes les marques de respect attendues, dans un e-mail ou à l'occasion d'un discours dans un *izakaya* (bistrot), comme le jour où on m'a demandé sans préavis de dire quelques mots pour remercier l'hôte, un ami me glisse toujours « Tu ressembles à un vrai Japonais ! »

Euh, merci, je crois.

Endogroupes, exogroupes, autant de moyens de savoir qui est qui. J'aime beaucoup que ce soit appliqué ici, lorsque l'effort d'appartenance émane *de* moi, *en direction* d'un autre individu. J'aime essayer de trouver ce que nous avons en commun et m'appuyer sur ces points jusqu'à ce que nous nous sentions tous les deux en sécurité l'un avec l'autre.

C'est comme discuter de la sérénité qu'on ressent en observant des canards glisser sur un étang, avec un gars que j'évalue et qui vient de sortir de prison après avoir purgé une peine de dix ans pour tentative de meurtre. Ou encore parler de ses recettes de ragoût préférées avec une femme dans un appartement-relais[5] pour victimes de violences domestiques et de la façon dont la cuisine lui procure un sentiment de paix.

Je n'ignore pas les tragédies ou les comportements antisociaux ni ne minimise les bouleversements qu'ils entraînent.

J'essaie juste avant tout d'établir une relation de confiance et de voir ce que nous avons en commun en tant qu'êtres humains. Je ne m'intéresse pas aux maladies d'un point de vue pathologique.

Il est préférable de s'intéresser d'abord à ce que tous les êtres humains en bonne santé ont en commun – des similarités d'ailleurs bien plus nombreuses que nos différences.

Ce sont des points de *départ* (basés sur le sentiment d'appartenance) et non des lignes d'arrivée, et c'est la conscience nippone des groupes avec mon désir de les intégrer dans ma vie ici qui m'a beaucoup apaisé, m'a rapproché des autres et a transformé mon quotidien en une succession d'observations plutôt qu'en un amas de réactions plus personnelles.

Parfois, je fais semblant de jouer dans un film : *L'aéroport. Le supermarché. Coincé dans un bouchon. Mis en attente par un service client.* Lorsque je m'imagine comme faisant partie d'un groupe se trouvant dans chacune de ces situations, plutôt que de foncer seul, je suis plus à même de prendre du recul. De me sentir comme partie prenante et observateur en même temps.

Les groupes sont là si nous nous donnons la peine de les chercher et acceptons de les intégrer. Nous avons plus de points communs avec une personne marginalisée que nous pouvons le croire.

Et comme certains éléments que je vois, entends et ressens au contact de cette personne qui me rappellent ma famille, passée et actuelle, je suis plus enclin à agir pour lui être utile. C'est très satisfaisant.

Les habitudes quotidiennes, les questions très pragmatiques, font du Japon un endroit où les individus sont encouragés (et parfois même *contraints*) à oublier leurs besoins égoïstes et à faire partie de leur environnement. Lorsque cela fonctionne, on prend conscience de sa propre insignifiance, et on fait plus pleinement l'expérience des relations interpersonnelles et de la nature, tout en se concentrant sur les besoins des autres. Tout cela se traduit par un sentiment de satisfaction et de bien-être de plus en plus profond.

J'espère partager avec vous ce mode de vie japonais qui fait grandir l'acceptation – *ukeireru*.

Qu'est-ce que ça veut dire d'accepter de lâcher prise et de faire passer les besoins des autres avant les siens ? Le Japon n'est pas le seul pays au monde à donner la priorité à l'altruisme, il utilise ce concept pour expliquer la façon dont il structure et maintient les institutions et systèmes.

En Occident, le renoncement à soi est incarné par la « doctrine de la capacité négative » du poète John Keats : « Si un moineau se pose près de ma fenêtre, je fais partie de son existence et je picore aussi [...] de telle sorte que je suis bientôt annihilé. »

Attendez un peu. Avant de répondre : « Mais quelle personne saine d'esprit voudrait être annihilée ? », rappelez-vous bien ces détails : Keats est mort de la tuberculose il y a deux cents ans, en 1821, à l'âge de vingt-cinq ans. Il a été anéanti par des mycobactéries, mes bons amis, pas par un petit oiseau. Ce dont il parle ici, ce dont moi je parle, et ce à quoi les Japonais excellent, c'est l'annihilation de l'exploration de soi, du doute de soi et de l'égoïsme pur.

Il s'avère que nous ne sommes pas nos propres meilleurs amis.

En observant la nature et en nous concentrant sur l'immédiat et l'éphémère, nous parvenons à nous extraire de notre esprit, ce qui est extrêmement relaxant.

Au Japon, c'est *un mode de vie.*

Chapitre 2

L'ACCEPTATION

Au Japon, de nombreux mots signifient « acceptation ». Selon la situation dans laquelle on se trouve, le bon terme pour exprimer l'acceptation varie et la recherche du mot parfait est un véritable défi à la fois pour celui qui parle, et celui qui écoute.

C'est exactement le même mécanisme que pour d'innombrables expressions et mots japonais qui fonctionnent comme des symboles ou des représentations[6].

Lorsque j'ai décidé d'écrire ce livre, j'ai contacté mes amis au Japon pour savoir s'ils pouvaient m'aider à comprendre l'acceptation à des niveaux plus profonds que ce que je connaissais – ayant grandi dans une autre culture, une autre histoire et d'autres traditions.

Que peut donc signifier l'acceptation au Japon ?

Yumi Obinata, interprète à Tokyo, m'a envoyé un tableau très détaillé : une liste de plusieurs mots signifiant acceptation. Elle m'a ensuite expliqué dans quel type de phrase chaque mot pouvait être utilisé et comment les utiliser.

« *Ukeireru* est utilisé par une mère parlant à son enfant pour lui faire accepter quelque chose en douceur.

Uketomeru est utilisé par une mère pour accepter “l'explosion d'émotions de son enfant” lorsqu'une chose survient avec une grande force.

Toriireru peut être utilisé pour décrire l'acceptation par le Japon des missionnaires protestants.

Ukenagasu peut signifier recevoir et laisser couler. »

Yumi explique plus loin : « C'est comme lorsque l'on se trouve debout au milieu d'un ruisseau : il vaut mieux se tenir de côté, de profil pour que la pression de l'eau sur le corps soit plus légère. Ainsi, ici au Japon, les gens acceptent les catastrophes comme faisant partie de la vie et essaient de vivre en *ukenagasu* afin de ne pas être trop affectés psychologiquement.

Kikinagasu peut signifier entendre, écouter et laisser couler, ce qui veut dire que nous prétendons écouter les réflexions incessantes de quelqu'un, mais que nous ne prenons pas vraiment ça au sérieux !

Juyo-Suro peut être utilisé pour décrire l'acceptation des pensées et des systèmes occidentaux modernes. »

Yumi a déclaré : « *Jyō* peut signifier six mots différents, et *ukeireru* est souvent utilisé au quotidien. »

Je connais Yumi et sa famille depuis de nombreuses années. J'ai eu le plaisir de parler à son fils Nozomi de sa thèse universitaire sur les philosophes juifs européens post-Shoah lorsqu'il a séjourné avec ma femme et moi pendant quelques semaines. J'ai même eu la chance de dîner avec elle, son mari et ma femme dans un *izakaya* haut de gamme à Ginza, et de boire du thé vert avec Yumi à Shimoda, le village de la préfecture de Shizuoka où les tristement célèbres navires noirs sont arrivés en juillet 1853, accompagnés d'un ultimatum de Mathew Perry (le commodore, pas le personnage de *Friends*) exigeant l'ouverture du commerce avec les États-Unis et l'autorisation pour les navires marchands américains d'entrer dans les ports nippons.

Lorsque Yumi a expliqué les nombreuses façons d'exprimer l'acceptation au Japon, ma compréhension du mot a été façonnée par notre amitié.

Ensuite, j'ai demandé ce que signifiait l'acceptation à Yuko Enomoto, que j'ai rencontrée il y a une vingtaine d'années à Tokyo[7].

Yuko m'a proposé trois mots :

Ukeireru

Jkukugo

Jiko jyu yuu

« *Jiko jyu yuu*, c'est "l'acceptation de soi" a dit Yuko. Nous pouvons la sentir. *Jkukugo* est peut-être plus intellectuel, tandis que *ukeireru* est plutôt facile à comprendre et amusant à imaginer à l'intérieur de soi. » De toutes les personnes que je connais au Japon, Yuko est la plus citadine. Nous nous sommes rencontrés par l'intermédiaire de *Slow Food*, le mouvement alimentaire venu d'Italie, et c'est elle qui m'a tout appris au sujet des salons de thé cachés, des cafés, des galeries d'art et des petits restaurants de quartier à Tokyo. Aujourd'hui, avec un mari qui est l'un des chefs les plus réputés de la ville (il propose une cuisine italienne et péruvienne) et un bambin qui semble être l'incarnation de la bonté, Yuko trouve un équilibre entre ses dons professionnels et les exigences de la maternité, en acceptant ce qui lui arrive avec insouciance.

J'ai reçu l'aide d'une troisième personne : Kiyomi Tsurusawa. J'ai rencontré Kiyomi pour la première fois il y a longtemps au Kayotei, mon *ryokan* – ou auberge de sources chaudes – préféré au Japon, situé à Yamanaka dans la préfecture d'Ishikawa. Elle a joué le rôle d'interprète pendant plusieurs jours, pour un livre sur les artisans de la région que je préparais à l'époque. Nous avons discuté d'artisanat traditionnel, mais aussi beaucoup de notre amour commun pour le jazz[8].

Kiyomi m'a ensuite confié : « de nombreux mots japonais peuvent être traduits par acceptation. C'est très difficile, mais en voici six. Et bien sûr, nous en avons d'autres ! »

Shodaku

Jjyu yuu

Shiji

Ninjyu

Gokaku

Ukeireru

« *Shodaku* peut signifier accepter une invitation. *Jyu yuu*, accepter un cadeau. *Shiji* peut vouloir dire accepter une pensée ou une idée. *Ninjyu*, accepter des difficultés. *Gokaku*, accepter une personne. Et *ukeireru* peut vouloir dire accepter la réalité. »

Au bout du compte, je suis tombé amoureux de cette définition de *ukeireru* : « Utilisé par une mère parlant à son enfant pour lui faire accepter quelque chose en douceur, accepter la réalité. »

Qu'est-ce que ça donnerait, de vivre chaque jour en s'inspirant de l'*ukeireru* ? Que pourrions-nous faire ? Que pourrions-nous dire ? À quoi pouvons-nous participer, en quoi pouvons-nous progresser afin de trouver ce sentiment de bien-être né de l'acceptation ?

Ukeireru signifie bien plus que l'acceptation *de soi*. Cela signifie l'acceptation de nos relations au sein de nos familles, à l'école, au travail et dans nos groupes sociaux. C'est accepter les autres. C'est accepter la réalité et créer des contextes qui élargissent la perspective étroite, confinée et épuisante du soi.

En embrassant l'éphémère et l'imparfait, l'*ukeireru* applique les principes bouddhistes zen et shintoïstes au Japon moderne pour créer du bien-être et de la satisfaction. C'est flagrant dans une approche esthétique partagée qui a débuté il y a plusieurs siècles et s'est développée depuis. L'art a établi une façon de voir. Trouvant son origine au sommet de ce qu'on pourrait appeler une collaboration entre les institutions religieuses et les seigneurs féodaux, l'esthétique a changé la donne sur une perte en fait due à l'ignorance : une poignée d'institutions, peu de science, des structures socio-économiques rigides, un environnement naturel impitoyable. Plutôt que de désespérer des conditions de vie difficiles, l'esthétique a posé l'idée que le sens de la vie était d'accepter, d'accueillir et même de rechercher la perte.

L'objectif est de créer un état mental dans lequel chacun se sent à l'aise avec suffisamment de conscience et de confiance. On accepte et on accueille la perte. On comprend aussi que, quelle que soit la manière dont on se définit soi-même, cette compréhension dépend de son appartenance à la nature et à la société.

Nous évoluons *ici* dans une société qui chérit l'individu et qui fait du bonheur son objectif, et si tout cela doit se faire aux dépens des autres, et bien tant pis pour eux, la plupart du temps.

Si t'es pas content, casse-toi !

Je fais les choses à ma façon, et puis c'est tout !

Qu'est-ce que j'ai à y gagner ?

Ce que fait l'*ukeireru*, c'est sublimer les relations dans lesquelles nous nous trouvons, et nous donner la force nécessaire pour aller au bout de changements tout autant personnels que structurels.

Afin de changer quoi que ce soit – qu'il s'agisse d'un problème immense, comme le racisme systémique, ou minuscule, comme un mauvais service client –, il faut avoir un état d'esprit calme et procéder avec concentration, délibération et intensité. Il faut un plan.

Ce plan consiste à s'accepter soi-même, à accepter sa famille, ses amis, ses collègues et sa communauté. Ainsi, on sera peut-être en mesure de comprendre d'autres points de vue.

Si on n'est pas conscient de soi-même, et qu'on ne jouit pas d'une conscience de soi apaisée, alors il est impossible de changer les choses, et surtout pas les conditions mêmes qui ont créé ou favorisé le stress.

Il convient de créer du bien-être, et ensuite, si on le souhaite, d'aborder les problèmes qui ont contribué à son isolement, à son inquiétude et sa tristesse. Ce n'est pas un appel aux armes. Ce n'est pas un : hop, du thé vert chaud, un long bain, une sieste, et ensuite, descendons dans la rue. Mais si vous voulez, vous pouvez vous servir de cette énergie qui naît de cet état de calme, et essayer de faire les changements nécessaires.

Suivre les habitudes et adopter les comportements associés à la culture nippone m'ont aidé à observer, à lire et écrire avec plus de concentration et de compréhension que jamais. Le temps semble ralentir – je ne passe pas mon temps à anticiper l'avenir ni à ressasser le passé. *Ukeireru* crée une sorte d'état fondamental d'immédiateté : être présent.

Voir et accepter plus pleinement une situation du point de vue d'une autre personne, avec laquelle je suis en colère et en désaccord, m'a permis de reconnaître que beaucoup de choses qui me contrariaient auparavant n'ont souvent plus d'importance aujourd'hui. Si je suis en colère contre une personne que j'aime ou avec laquelle je travaille, un ami ou un inconnu, je suis plus à même de retarder ma réaction, voire de ne pas réagir du tout. Pourquoi tout ça devrait-il avoir de l'importance ? C'est important parce que je donne à l'événement le pouvoir d'avoir de l'importance. Mais il peut ne pas avoir d'importance intrinsèque, et sans aucun doute, dans quelques mois, rien de cela n'aura plus d'importance du tout. D'ici là, j'aurai un nouveau sujet de crainte ou de malheur.

Ou si l'événement a bien de l'importance, s'il s'agit d'un problème réel qui provoque du stress et doit être réglé, alors accepter la situation du moment, et ne pas y réagir avec colère ou précipitation, donne le temps de réfléchir à ce qui pourrait être une vraie solution plutôt qu'une simple *réaction*.

Je suis plus à même de comprendre que ce qui me contrarie a probablement à voir avec *la personne* qui me contrarie, plutôt qu'avec moi. La personne agaçante doit vivre en continu avec cet agacement. Moi, je n'ai qu'un aperçu de ce que c'est que d'être à sa place.

Si vous pensez qu'une personne est une véritable plaie, croyez-moi : c'est alors une véritable plaie pour elle-même. Si quelqu'un fait l'abruti dans une forêt, et qu'il n'y a personne pour l'entendre, est-ce que cette personne est toujours un abruti ?

J'aime comment la perspective nippone de la *brièveté* des choses peut être appliquée à la vie quotidienne.

Savoir reconnaître le stress et l'épuisement dus à la colère aide aussi à la tenir à distance. Peu de gens se sentent bien après avoir été en colère, et la principale façon de soulager *ce type* de stress est de se mettre à nouveau en colère. Quelle colossale folie, quelle perte de temps et d'énergie.

En toute conscience, je fais de mon mieux pour éviter tout ce qui provoque du stress, non seulement des situations mais aussi des individus très toxiques. (Si je ne vous fréquente plus, vous vous reconnaîtrez.) Au lieu de toute cette négativité, je m'efforce de me concentrer et de créer des liens avec les personnes et les choses qui me portent et me nourrissent.

Ukeireru n'est *pas* synonyme d'asservissement, il ne s'agit pas de céder ou d'accepter des conditions destructrices, ou de se soumettre à des relations abusives ou parasites. Plus que tout, ce mot signifie comprendre que chacun d'entre nous est défini en grande partie par ceux qui l'entourent : il ne faut donc pas se considérer soi-même comme indépendant de ces relations.

Et ce terme veut dire qu'en abandonnant nos idéaux égocentriques, nous réussissons mieux à changer les situations qui nous font tant souffrir, et pouvons nous épanouir dans des relations fondées sur l'amour et le respect.

Une des différences majeures entre le Japon et les États-Unis en termes d'identité personnelle est qu'ici, l'individu compte plus que le groupe. Au Japon, c'est l'inverse : c'est sur le groupe que repose la base de votre identité.

Hayao Kawai, pyschologue japonais de renom, a imaginé un exemple qui illustre parfaitement cette différence. Dans son ouvrage *Le Bouddhisme et l'art de la psychothérapie*[9], Dr Kawai écrit qu'un Japonais typique s'excusera avant de faire un discours et déclarera : « Je dois commencer par dire que je ne suis pas qualifié pour être conférencier ici et que je n'ai aucune connaissance qui me permette de parler de psychothérapie. » Car « lorsque les gens au Japon se rassemblent en un même lieu, ils partagent un sentiment d'unité, qu'ils se connaissent par ailleurs ou non. Personne ne devrait jamais être seul, séparé des autres. » Le Dr Kawai oppose cette identité de groupe à un orateur américain typique qui commencera souvent son discours par une blague, « permettant à tous les gens réunis là, grâce à un rire partagé, de faire l'expérience de l'unité ».

Gordon Mathews renforce cette notion dans son livre sur le Japon, mentionné précédemment, en décrivant le concept du philosophe Esyun Hamaguchi sur les différences entre les mentalités nippones et occidentales : « Hamaguchi invente un nouveau terme pour désigner le moi japonais, *kanjin*, une personne dont l'identité est située dans les liens entre le moi et les autres, par opposition au *kojin* occidental, dont l'identité est située dans son moi autonome. »

Alors, qu'est-ce qui est le mieux ? La cohésion de groupe du Japon ou la mentalité indépendante des États-Unis ?

Ni l'un ni l'autre, en fait. Qui voudrait ressentir la claustration d'un groupe, jour après jour ? Et qui voudrait ressentir la solitude d'être coupé d'un groupe, seul au monde ?

Je partage l'avis du Dr Kawai, formé en Californie et en Suisse : nous devrions faire ressortir le meilleur des cultures nippone et américaine. Il écrit : « En recherchant une conscience postmoderne, nous pouvons, je pense, apprendre à nous connaître et trouver quelque chose de nouveau, qui nous sera bénéfique. »

Plusieurs raisons expliquent le développement au Japon d'une culture de l'acceptation et du silence. Même aujourd'hui, les traditions anciennes se lisent dans les styles, façons de se lier, comportements, mœurs culturelles et attentes au cœur des relations, qui diffèrent de la façon dont les amitiés, le travail, les loisirs, la famille et le mariage sont vécus aux États-Unis.

Ces habitudes sont le fruit de circonstances propres au Japon. Sa position géographique dans le monde a favorisé son immuabilité relative au fil du temps. Pendant des siècles, la culture a été plus statique et isolée que la plupart des autres.

Aux États-Unis, l'isolement géographique par rapport aux pays d'origine de la plupart des Américains, à l'exception des peuples autochtones et de ceux issus des nations limitrophes, a permis l'essor d'une mentalité inédite, quoique bien sûr façonnée par l'histoire, les souvenirs et les règles des générations précédentes.

Un mythe américain veut que l'on puisse être qui on veut dans le pays. On peut changer de nom, d'apparence, de but dans la vie. Personne n'a besoin de respecter les normes du groupe. Aucune obligation de suivre la trace de ses parents. On peut naître pauvre, et mourir riche.

Qui veut gagner des millions ?

Parmi les nombreuses causes de stress chez les Américains, on retrouve le sentiment de ne pas être à la hauteur de ce mythe, et l'idée selon laquelle cet échec est la faute de l'individu : si le rêve américain vous échappe, c'est que vous n'avez pas fait assez d'efforts.

Mais Raj Chetty, économiste à Harvard et Stanford, a montré que ce n'est pas vrai. Raj et son équipe ont créé l'Atlas des opportunités, *Opportunity Atlas*. Cet atlas démontre que votre code postal est un facteur de réussite plus déterminant pour l'avenir que les facteurs individuels.

Consultez le site www.opportunityatlas.org, et tapez un code postal. Vous verrez que les niveaux de revenus et l'endroit où vous grandissez sont des déterminants inextricables de la réussite financière plus tard dans la vie. Bien sûr, certaines personnes réussissent mieux que d'autres dans leur quartier pauvre, et oui, certains enfants qui grandissent dans des quartiers riches deviennent pauvres. Mais la plupart des gens, selon les données, restent dans la même tranche de revenus.

Pour le rêve américain basé sur le travail individuel intense menant tout droit au succès, on repassera. Le message n'est pas : ne travaillez pas dur. Le message est le suivant : si vous ne réussissez pas au début, c'est peut-être à cause d'un manque systémique de circonstances économiques favorables, fondé sur la race, le sexe et la classe sociale.

Comprendre que son stress n'est pas *seulement* le sien élargit le champ des possibles. Cela signifie que chacun fait partie de groupes plus larges : riches ou pauvres, noirs ou blancs ou asiatiques ou hispaniques, de la classe moyenne ou ouvrière, des communautés hétérosexuelles ou LGBTQ, jeunes ou vieux, et que ce qui rend une personne malheureuse rend probablement malheureux aussi les autres membres de ce groupe, ou de plusieurs groupes dont on fait partie. Vous n'êtes pas seul.

Il est utile de savoir que le stress que l'on vit n'est pas uniquement personnel. Toutes les mesures entreprises pour s'améliorer sont utiles, mais en plus de cela, les causes de stress au sein du groupe ne disparaîtront pas tant qu'elles ne seront pas reconnues.

Apprendre ou non à vivre avec des causes systémiques de stress, c'est un choix personnel. Quoi qu'il en soit, il est bon de savoir *pourquoi* on peut se trouver effrayé et triste.

Tout livre sur le bonheur gagne en légitimité en faisant état des facettes économiques du *malheur*.

Comme Raj m'a dit un jour : « J'ai de la famille dans le monde entier. Et je sais que la réussite n'est pas seulement le résultat d'un travail acharné. »*

Si les mythes peuvent être une source d'inspiration et participer à l'écriture du roman national pour de nombreux citoyens

* L'interview que j'ai faite de Raj est disponible dans mon livre : *Those Immigrants Indians in America: A Psychological Exploration of Achievement* (New Delhi : Finger – 2016). (Non traduit en français – N.D.L.T.)

d'un même pays, ils créent également des fardeaux et du stress lorsqu'ils sont pris au pied de la lettre.

Il n'est pas strictement vrai que vous pouvez être qui vous voulez aux États-Unis, ou que vous gagnerez tellement d'argent que vous sortirez par le haut de la classe économique dans laquelle vous êtes né, ou que vous pourrez appréhender le monde comme si vous étiez un shérif ou un chercheur d'or dans le Far West. Bien sûr, beaucoup de gens ici transcendent leurs origines et amassent des fortunes, mais des études universitaires démontrent que le lieu de naissance et leurs conditions socio-économiques pendant l'enfance définissent à peu de choses près ce que *la plupart* des gens vont vivre toute leur vie.

Les gagnants remportent le gain à la loterie ou le jackpot, mais ça n'a quand même pas grand-chose à voir avec le mythe du rêve américain.

Le dramaturge David Mamet a déclaré dans une interview que si les studios de cinéma lui proposent des montants aussi exorbitants pour ses scénarios, c'est pour qu'il émerveille et distraie à peu près tout le monde. Grâce à ces quelques gagnants, les « perdants » peuvent s'accrocher à des rêves de réussite irréalistes plutôt que de changer le système. C'est comme vivre dans un casino.

C'est exaltant d'imaginer que les mythes sont inspirants, et c'est très bien, mais cela signifie aussi que les institutions – les écoles, banques, employeurs, forces de l'ordre, systèmes médicaux, tribunaux... – qui limitent la liberté de mouvement ne sont pas considérées comme aussi problématiques qu'elles le sont en réalité.

Il est donc possible de se dire à soi-même des choses horribles : « C'est de ta faute si tu n'es pas heureux. C'est ta faute si tu n'as pas réalisé tes rêves. »

Les mythes sont là pour empêcher les gens de changer quoi que ce soit qui pourrait mettre en péril ces institutions. Et ils sont brutalement éprouvants, posant les jalons de la haine de soi.

La croyance dans les mythes entrave toute action qui pourrait s'attaquer aux sources de stress de manière réaliste.

Si vous vous persuadez que vous pouvez être n'importe qui en Amérique, et que vous n'atteignez pas cet objectif, c'est la faute de qui ?

La vôtre.

Mais bien sûr.

Les mythes au Japon sont également caractéristiques de son développement en tant que nation. L'un des mythes qui le définit est celui de la cohésion de surface : tout doit paraître formel et convenable, et le groupe doit participer à la création de cette façade[10].

L'essor de la cohésion de surface au Japon est peut-être lié au fait qu'il y a bien longtemps, elle était vitale à la survie. Face aux dangers de la nature et de l'isolement, l'individu seul n'avait aucune chance. Et la riziculture, pièce maîtresse de l'économie japonaise depuis des siècles, nécessite un grand nombre de personnes travaillant ensemble, en groupes. La cohésion de surface est censée être une source d'inspiration et un moyen d'être en sécurité et productif : travailler avec d'autres personnes pour créer *l'apparence* d'une norme de groupe harmonieuse.

Sur une note positive, cela signifie : pensez à l'effet de votre comportement sur les autres avant d'agir. Ne perturbez pas le courant. Si nous n'agissons pas ensemble, nous risquons de ne pas faire de notre mieux.

Le pays a une géographie rude et inhospitalière, et peu d'autres endroits sur terre connaissent autant de tremblements de terre, de tsunamis et d'éruptions volcaniques.

En plus des catastrophes et des crises régulières qui se produisent toujours aujourd'hui, les paysages montagneux, le niveau de la mer et les paysages industrialisés du Japon font que, selon le *World Factbook* de la CIA, seulement 11,7 % de ses terres sont arables, plaçant le pays au 51e rang mondial, derrière le Cameroun, le Soudan, le Pakistan, l'Italie, etc. En conséquence, les famines, les régimes de subsistance et le métayage ont défini son agriculture jusqu'à il y a environ soixante-dix ans.

Comme il est ensuite devenu riche, le Japon s'est mis à recevoir beaucoup de produits alimentaires de l'étranger. Du riz d'Asie du Sud-Est, des fruits d'Amérique du Sud et d'Afrique, et du soja des États-Unis et de Chine. La majorité des sauces soja, du tofu et du miso que l'on retrouve dans les produits japonais sont fabriqués à partir de soja cultivé à l'étranger.

La topographie et l'approvisionnement en nourriture sont des facteurs déterminants pour la réussite d'une nation, sans compter l'isolement géographique du Japon par rapport au continent. Les influences étrangères qui façonnent la culture nippone – chinoise, coréenne, portugaise, néerlandaise, américaine, et maintenant le monde entier – ont débarqué, mijoté et grandi avant d'être façonnées, à leur tour, par la société isolée déjà présente.

Tout cela a contribué à placer le groupe des *Japonais* au centre de la conscience et de la cohésion sociale. Un excellent moyen de créer des groupes est de créer des expériences partagées, principalement visuelles et répétitives, que chacun répète de la même manière.

Il s'agit de préserver et de promouvoir les différences individuelles de façon à respecter les autres.

C'est une mission symétriquement opposée à la version américaine : si aux États-Unis chacun a tendance à se reprocher de ne pas réussir son rêve américain, au Japon, on a tendance à se reprocher de ne pas réussir à s'adapter ou se conformer aux normes et attentes du groupe.

Et pourtant, si notre culture hautement individualiste présente de grands avantages, il en va de même avec l'excellence du Japon en matière de création de groupes.

La manière dont chacun s'attend à ce que l'autre agisse dans un bain public. Les prières. Comment manger et boire au quotidien. Les démonstrations de respect. Et surtout : l'*acceptation* silencieuse de l'autre et de son environnement.

La culture japonaise a synthétisé de façon très originale les comportements individuels et les structures sociales. Cette synthèse, qui a inclus le développement de la conscience de groupe et de l'appartenance plutôt que l'individualisme, a rendu l'acceptation – ou *ukeireru* – essentielle à la survie.

Même si le Japon est à la fois applaudi et hué car c'est une nation plus intéressée par le perfectionnement que l'invention ou la création, c'est aussi un pays où l'originalité dans les arts a toujours été possible.

Célèbre pour son raffinement, le Japon est aussi un pays profondément original.

Bien que le groupe soit plus important au Japon que dans la plupart des autres pays, les efforts individuels – *dans la mesure où ils bénéficient au groupe grâce à des approches originales qui évitent les conflits ou présentent des dimensions non comprises auparavant* – sont valorisés. La quête de la perfection fait partie de la vie quotidienne au Japon, et même s'il est naturel de ne pas y parvenir, avoir des objectifs qui renforcent la communauté (qu'il s'agisse de trains à grande vitesse, de villes sûres ou de soins médicaux accessibles et abordables) fait partie de la vie quotidienne.

Mais c'est aussi grâce à l'art et à la gastronomie du Japon que la création de plaisirs partagés renforce la culture et le bien-être du groupe.

L'éventail traditionnel de ce que l'on voit et de ce que l'on mange, ainsi que de la manière dont on mange, est assez réduit, ce qui signifie que les gens ne divergent pas beaucoup les uns des autres. La variété limitée peut approfondir l'expérience. Puisque les *yakitori*, les *ramen*, les *udon*, les *soba*, les *gohan* ou les *tonkatsu* sont servis dans de nombreux établissements, les Japonais mangent souvent la même chose. Et les restaurants ne servent souvent qu'un seul plat, ou des menus fixes, de sorte que tout le monde mange pareil. De nombreux restaurants n'ont même pas de menus : c'est le chef qui décide (*omakase*) de ce que tout le monde va manger[11].

Cette manière de faire me rappelle Thanksgiving : savoir qu'à travers les États-Unis, la plupart d'entre nous cuisinons une dinde signifie pour moi que l'expérience partagée a le potentiel de nous faire tous ressentir et penser pareil – au moins le temps d'une journée.

Cela se produit parfois, naturellement, lorsque tout le monde mange la même chose de la même manière, qu'il s'agisse de l'endroit où les baguettes sont posées sur la table, du moment où le riz est censé être dégusté jusqu'à la place où s'asseoir, et la position à adopter.

C'est comme la phrase de la chanson *We the People* du groupe A Tribe Called Quest chantée par Q-Tip : « *When we get hungry, we eat the same fucking food, the ramen noodle.* » Ce qui se traduit par : « Quand nous avons faim, nous mangeons la même putain de bouffe, des nouilles ramen. »

Au Japon, cette similitude est quotidienne et nationale. Manger les mêmes plats signale aux autres qu'on a un point commun avec eux.

Cela signifie faire partie d'un groupe en mangeant, mais aussi faire un effort pour s'intégrer à la nature à partir de ce qu'il y a dans l'assiette. La nature comme facette de l'expérience de groupe est une composante contemporaine.

Tout a commencé il y a longtemps.

À l'époque Heian (794-1185), la nature a pris une place importante en tant que sujet dans l'art nippon. Ce qui attire alors l'attention des artistes, et qui continue d'influencer la prise de conscience aujourd'hui, est une forme d'*ukeireru* flagrante dans l'attention portée aux choses éphémères : les fleurs de cerisier, les grenouilles, les grillons, les lucioles, etc.

Le romancier Haruki Murakami parle de cet attachement à la brièveté et son acceptation, et de la manière dont il accorde de l'importance aux choses qui disparaissent rapidement. Si nous n'y prêtons pas attention, si nous n'observons pas aussi pleinement que possible, nous sommes perdus ; nous sommes coupés de la nature.

Murakami écrit : « Les fleurs de cerisier, les lucioles et les feuilles d'érable perdent leur beauté en très peu de temps... Et nous sommes pour ainsi dire soulagés de constater qu'elles ne sont pas seulement belles, mais que déjà, elles commencent à tomber, à perdre leurs petites lumières et leur beauté éclatante. Nous trouvons la tranquillité d'esprit dans le fait que le sommet de la beauté est passé et a disparu. »

Une fois la chose disparue, nous pouvons accueillir et embrasser son absence. L'absence est aussi importante que la présence. Peut-être plus importante. La paix de l'esprit *née* de la perte. C'est une forme profonde d'acceptation.

L'époque Muromachi (1336-1573) a suivi, de même que le *yugen*. Les Japonais m'ont expliqué que Yu était une chose *insondable* ou *mystérieuse*. Le terme ou le concept est fondamental dans l'art et la psychologie du Japon : tout est implicite ; l'indirect est une invitation à mieux regarder. Cette observation renforcée exige de garder le silence, d'écouter, d'absorber et de croire que ce qu'on voit et vit peut être la représentation d'un autre élément fondamental caché, et qu'on ne peut apercevoir ou atteindre qu'en se débarrassant du soi et de ses opinions personnelles. Ainsi faisant, on rejoint d'autres personnes qui essaient également de comprendre les choses. Et dans un effort pour essayer de comprendre ce qu'on observe, on en devient alors une partie. La beauté est implicite plutôt que directement vécue, une approche qui ne peut être comprise à moins d'observer silencieusement, de reconnaître la temporalité, et d'accepter qu'il y ait à la fois plus *et* moins que ce qui se passe.

Lorsque nous faisons face à un objet possédant des éléments de *yugen*, nous pouvons finir par être dans cet objet, par faire partie de ce qui se passe plutôt que d'en être séparés. Parce que pour comprendre, apprécier et accepter l'observation, il faut se concentrer longuement, intensément et silencieusement. On ne peut pas se laisser guider par ses préjugés et points de vue, car le cas échéant, vous passerez à côté de l'objet lui-même, et vous ne comprendrez pas sa signification indépendamment de vous.

Lorsque vous regardez la calligraphie japonaise, la porcelaine, la céramique laquée ou le *washi* (papier), vous pouvez être gagné par le sentiment de faire partie de l'objet – non seulement en observant l'art mais aussi en sachant que d'autres personnes partagent probablement les mêmes observations ou des observations très similaires. L'uniformité de l'esthétique, la manière dont elle est imaginée pour susciter des réactions partagées par beaucoup, fait partie de la création d'une mentalité de groupe au Japon.

Le terme *nihon no kokoro*, qui pourrait se traduire par « le cœur du Japon », est une façon d'exprimer ces phénomènes d'union esthétique[12].

En acceptant notre place dans l'ordre des choses, nous sommes mieux à même de penser et de ressentir avec concentration et en profondeur. Plus d'observation et moins d'opinions apportent plus d'acceptation.

Développez votre perspicacité ainsi que votre capacité d'observation et, grâce à ces deux éléments, tentez de comprendre ce que la nature attend de vous et ce qui est le plus vrai à votre sujet. Il vous sera alors possible d'accepter ce que les autres peuvent ressentir, penser, craindre et désirer, et la manière dont vous pouvez les aider. Vous pourriez également avoir enfin l'énergie nécessaire pour changer ou affronter les sources de stress de votre quotidien.

(Un indice : il ne s'agit pas de vous. Il s'agit de vous en relation avec les autres et votre environnement.)

En vous mettant face à vos imperfections et en vous permettant de prendre conscience de la brièveté de la vie, l'*ukeireru* vous oblige à ralentir et à absorber ce qui vous entoure, et qui vous entoure. La vie n'est pas parfaite, aucune relation n'est parfaite, et vous feriez mieux d'apprécier le présent car tout finit très vite. (Aucune douleur n'est éternelle.)

Ce célèbre poème, écrit par l'artiste américain Ezra Pound, influencé par la tradition du haiku japonais, résume parfaitement le sens de l'*ukeireru* :

Et les jours ne sont pas assez remplis
Et les nuits ne sont pas assez remplies
Et la vie s'enfuit comme une musaraigne
Sans froisser l'herbe...[13]

Vivre pleinement sa vie, au contact de la nature, en acceptant que le temps soit court et que quoi que nous fassions, la nature ne soit pas émue ou ébranlée par notre fragilité et nos actions. Nous sommes insignifiants.

Il existe des *moyens pratiques* d'appliquer l'*ukeireru* dans notre vie. Il s'agit d'activités qui nous poussent à ne plus penser à nous-mêmes. À reconnaître que notre bonheur importe finalement bien moins que ce que les autres ressentent. À comprendre que notre bien-être dépend de la satisfaction que nous donnons aux gens. À prendre du temps chaque jour pour participer à des expériences non productives qui aident à nous échapper de nous-mêmes et nous permettent de nous sentir régénérés ou redynamisés après coup.

Au Japon, cette façon de penser et d'organiser la société remonte à plusieurs siècles. Quelle autre nation possède un ouvrage culte sur les mérites de l'inaction ? Appelé *Les Heures oisives*, écrit entre 1330 et 1332 par le moine bouddhiste zen Yoshida Kenkō, ce livre célèbre la valeur de l'observation et le calme qui se manifeste quand on laisse s'envoler ses inquiétudes personnelles.

Ces efforts visant à nous faire accepter notre position vis-à-vis de la nature et des gens nous procurent ensuite un état de calme qui peut être utile pour changer la cause de notre stress initial.

Quand Jerry Seinfeld confie à Judd Apatow, lors d'un entretien sur le sens de la comédie, qu'il garde une carte de la galaxie dans son bureau pour se rappeler son insignifiance et ainsi évacuer la pression, c'est l'*ukeireru*. (Seinfeld a ajouté : « Je suis attiré par beaucoup de trucs zen. ») Dans une interview ultérieure avec Howard Stern, l'acteur ajoute : « Je ne suis pas très branché divertissement. Je ne crois pas que ce soit important. Je pense que ce qui est important, c'est qu'*eux* [le public] se divertissent. »

Quand Ariana Huffington fonde une entreprise qui offre un espace où les salariés peuvent faire la sieste pendant leur journée de travail, c'est l'*ukeireru. Fermez les yeux* – ne soyez pas productifs.

Quand le magazine *Afar* rapporte que des lieux où les gens se baignent ensemble font leur apparition dans de nombreuses grandes villes, c'est l'*ukeireru.*

Au Japon, on peut vivre et ressentir l'*ukeireru* dans les cafés, les salles de sieste, lors des célébrations publiques des petits changements de saison et dans les bains collectifs. Tout au long de la journée, et dans tout le pays, du bureau à la maison, les Japonais et Japonaises s'efforcent de garder leur calme, de prêter attention aux besoins des autres et d'accepter leur place dans l'ordre naturel des choses.

Si dans ce pays l'harmonie et la communauté sont évidentes, et contribuent au bien-être, c'est bien grâce à l'application réussie de l'*ukeireru* à toutes les facettes de la vie quotidienne.

Un *koan* zen, ou parabole, qui me revient souvent, illustre le pouvoir de l'*ukeireru* : le Bouddha se rend dans un village et se trouve aussitôt entouré d'une foule qui le vénère et chante ses louanges. Mais un homme se tient à l'écart et dénonce le Bouddha avec colère. Il proteste pendant longtemps, arguant que le Bouddha est un voleur, qu'il ne cherche que la richesse et la gloire. Finalement, le Bouddha lui demande s'il a fini de crier, et quand l'homme répond que oui, le Bouddha lui demande : « Si vous offrez un cadeau à quelqu'un, mais que la personne refuse de le prendre, à qui appartient ce cadeau ? » L'homme rit et dit que c'est typique de la stupidité du Bouddha. « Il appartient à la personne qui a offert le cadeau. N'importe quel idiot sait ça ! » Le Bouddha acquiesce : « Exactement. Et votre colère est votre cadeau. Je refuse de l'accepter. Elle vous appartient donc. Personne ne veut de votre colère. »

C'est ainsi que fonctionne l'*ukeireru*. Imaginez que vous arriviez à trouver des moyens réguliers de gérer la colère, la peur et les disputes, et qu'ils ne ressemblent pas à ce que vous avez essayé jusqu'à présent. Il ne s'agit pas de réagir, mais de prendre la situation en main, de comprendre et d'accepter ce que l'autre personne ressent, puis de décider d'une action (ou d'une inaction) qui recadre les choses dans le contexte de la relation.

Je pense à ce *koan* lorsque je reçois un e-mail énervé, que je tombe sur une personne grossière, ou encore quand on me parle de manière irrespectueuse, et je me souviens alors que la colère appartient à l'autre personne[14].

Grâce à cette conscience de l'importance des groupes, le Japon possède une société unie et pragmatique : pas de fusillades de masse, pas d'épidémie d'opioïdes, une forte sécurité urbaine, un sens des convenances en public, et une proportion de femmes travaillant au Japon plus élevée qu'aux États-Unis[15].

Les Japonais vivent également plus longtemps en moyenne que les Américains et dépensent moins pour les soins de santé. Le secteur de la santé représente 10,2 % du budget global de l'État, contre 17 % aux États-Unis, avec de meilleurs résultats au Japon.

La réussite du bien-être des Japonais est en partie due à la volonté de faire bénéficier les groupes de mesures de santé publique, plutôt que de s'intéresser aux droits individuels.

Acceptation, longévité et communauté

Au niveau mondial, les États-Unis sont à la 35e place du classement de l'espérance de vie, quand le Japon trône à la 2e[16].

Ou, comme David Pilling l'écrit dans son ouvrage *The Growth Delusion** : « Les Japonais dépensent deux fois moins mais vivent quatre années de plus que les Américains. » Aujourd'hui, c'est environ six ans de plus.

L'espérance de vie aux États-Unis chute depuis trois ans. Selon le CDC (Centers for Disease Control, le centre de prévention et de contrôle des maladies), « cette tendance inquiétante est en grande partie due aux décès par overdose de drogue ou par suicide. L'espérance de vie nous donne un aperçu de l'état de santé général du pays et ces statistiques doivent nous alerter : trop d'Américains meurent, trop tôt et trop souvent, de maladies évitables. »

L'acceptation a également une incidence sur la manière dont les sociétés abordent les inégalités, les privilèges et le soutien fondamental pour les plus vulnérables, qui n'ont pas de rôle à jouer dans une économie basée sur les compétences, qui souffrent de troubles physiques et mentaux chroniques, qui n'ont pas les bons diplômes ou qui ne s'intègrent tout simplement pas. Plutôt que de marginaliser ces personnes, de les isoler, de les stigmatiser ou de tenter de les expulser, il serait préférable de mettre en place des règles et des normes qui acceptent leur valeur en tant qu'êtres humains. Le Japon n'en fait pas assez, mais quand même plus que le reste du monde, pour mettre en place des mesures d'intégration pour les *Japonais*[17].

L'*ukeireru* est un des éléments expliquant que les Japonais vivent plus longtemps et plus confortablement que partout

* Non traduit en français (N.D.L.T.).

ailleurs dans le monde. Ce n'en est pas la cause, mais bien un facteur majeur. La richesse, la communauté et les traditions au Japon tirent avantage de l'*ukeireru*.

En combinant *notre* ouverture, notre diversité et notre flexibilité émotionnelle ici avec l'*ukeireru*, nous avons, comme l'a avancé le Dr Kawai, l'occasion idéale de créer un nouveau modèle de vie et de bien-être satisfaisant et durable.

Il ne s'agit pas principalement d'un bénéfice individuel ou d'une amélioration de soi. La vie prend un sens plus profond si l'on crée et nourit un sentiment de bien-être grâce à l'acceptation, l'écoute, les relations et la valorisation de la communauté et des relations.

Et par-dessus tout : *soyez utile aux autres.*

Réunies, les cultures du Japon et des États-Unis peuvent devenir bien plus formidables que l'une ou l'autre prise seule. Ce livre traite des habitudes et des activités modernes des Japonais qui permettent de faire naître un sentiment puissant et rassurant d'*ukeireru*, à ajouter à ce que nous avons ici.

Et maintenant quelques mots sur la sélection, la résignation et l'appropriation culturelle.

Sélection, résignation, et appropriation culturelle

En 1871, trois ans après l'établissement officiel de la restauration (ou révolution) de Meiji, qui a mis fin à la féodalité et rétabli l'empereur, les Japonais ont compris qu'ils devaient rattraper l'Occident s'ils voulaient rester compétitifs dans le monde moderne et éviter d'être colonisés. À cette fin, une délégation appelée Mission Iwakura s'est rendue aux États-Unis et en Europe pour sélectionner dans chaque pays les meilleurs éléments dont le Japon devrait s'inspirer et qu'il pourrait développer afin de devenir une nation plus forte.

En d'autres termes : les infrastructures publiques telles que les transports aux États-Unis, la démocratie parlementaire avec un monarque comme en Angleterre, ou encore la méthodologie de la recherche scientifique et les universités de Prusse présentaient toutes un attrait énorme.

L'adaptation de ces modes d'organisation sociale aux us et coutumes nippones traditionnelles a créé des procédés hybrides et a contribué à moderniser le Japon, faisant du pays une grande puissance mondiale.

Il serait donc correct de dire que ce livre, inspiré par la mission diplomatique d'Iwakura, est très sélectif. La délégation japonaise a choisi ce qu'elle estime être les meilleures qualités de l'Occident. Nous pouvons choisir ce que nous pensons être les meilleures qualités du Japon.

Tout comme l'individualisme de l'Occident mérite d'être célébré, l'harmonie d'un groupe au Japon est essentielle au bien-être. Nous pouvons apprendre les uns des autres en acceptant ce qu'il y a de mieux dans nos sociétés.

Ne répétons pas les mêmes erreurs.

Ce qui m'amène à la résignation. Entre l'acceptation et la résignation, il peut y avoir soit un fossé, soit une ligne fine. Tout dépend de ce que vous voulez dire et de qui vous êtes.

Je pense qu'il y a *bien* une énorme différence, et voici ce que je veux dire : si une situation ou une relation exige de la patience et de l'observation, acceptez-la pour le moment. Préférez la stratégie à la tactique. La situation pourrait changer. Qu'elle change ou qu'elle reste la même pourrait n'avoir aucun lien avec ce que vous faites ou dites à cet instant. Si vous réagissez personnellement à la situation, vous risquez d'aggraver les choses. Vous pourriez bien être submergé.

Ce n'est peut-être pas très juste, c'est vrai, mais que pouvez-vous faire pour changer la situation afin qu'elle ne se reproduise pas ? Pensez loin, sur le long terme : planifiez, organisez et établissez un consensus de groupe. Il est fort probable que cette situation ne concerne pas que vous, elle pourrait être systémique ou institutionnelle, ou bien le résultat d'une relation tordue. Et comme vous n'êtes pas le seul concerné, il y a de grandes chances que d'autres personnes acceptent de vous rejoindre pour changer ce qui est injuste. Vous n'êtes pas seul.

La résignation, en revanche, est une passivité sournoise et rampante. Une insécurité qui entoure votre identité et vos pouvoirs d'action. Une usurpation d'autorité. Une incertitude à votre propre sujet. La reconnaissance d'une privation de droits que votre statut d'être humain vous garantit pourtant. Un vol d'identité qui cause la colère – un substitut d'émotion assez bas de gamme.

Les Japonais expriment la résignation avec l'expression suivante : *shikata ga nai*. On peut la traduire par « On n'y peut rien » ou « On ne peut rien y changer ». Même lorsqu'une situation peut éventuellement être changée par l'action des personnes impliquées, la posture de repli reste *shikata ga nai*.

L'expression *shikata ga nai* illustre un fatalisme et une passivité dangereuses de la part de nombreux Japonais éduqués dans l'idée qu'il faut accepter l'inévitable et ne jamais discuter les ordres, ni se battre contre les règles arbitraires et bureaucratiques. Cette déclaration de résignation est prononcée par des Japonais ordinaires soumis à une autorité militaire.

Ou, comme John Hersey l'écrit dans son roman culte *Hiroshima*, afin d'expliquer pourquoi les victimes des bombardements ne bénéficiaient plus de soins médicaux : ça ne sert à rien, on n'y peut rien ; *shikata ga nai*.

La résignation est dangereuse. Peut-être qu'on *peut* faire quelque chose, peut-être qu'on *devrait* faire quelque chose, peut-être qu'une action *est* nécessaire. La résignation peut aussi devenir un des traits de la personnalité d'une personne, qui se montre alors passive dans d'autres situations.

Ce livre ne parle pas de *shikata ga nai*. Il ne s'agit pas d'abandonner ou de céder.

Au contraire : si vous parvenez à découvrir l'acceptation de soi, puis l'acceptation des autres et votre place dans l'ordre naturel des choses, alors vous pouvez reconnaître votre responsabilité à penser aux autres avant d'agir. En conséquence, vous serez plus enclin à agir quand votre geste servira le monde dans lequel vous vivez : pourquoi choisir d'aggraver les choses quand on se sent lié aux autres au sein d'une communauté ?

Dernier point, l'appropriation culturelle. Je ne suis pas japonais, je ne prétends pas l'être, et vous ne devriez pas non plus (à moins bien sûr que vous soyez vraiment japonais, bien sûr). Tout comme les Japonais ont réussi à se moderniser en sélectionnant les qualités qu'ils ont jugées être les meilleures dans tout l'Occident, et en les adaptant à leur propre culture, vous avez le droit de sélectionner et d'utiliser ce que vous aimez au Japon.

Je ne vous suggère pas de porter un kimono ou de vous mettre à l'art des arrangements floraux – enfin, si c'est votre envie, alors faites-le avec respect tout en reconnaissant que vous rendez hommage et honorez ainsi une autre culture complètement différente de la vôtre. Ne soyez pas un imposteur. Ne faites pas semblant d'être quelqu'un que vous n'êtes pas. Ne prenez pas une chose qui ne vous appartient pas pour la déposséder de son sens véritable.

Loin de toute appropriation culturelle, acceptez-vous comme vous êtes avant de tenter de devenir qui vous souhaitez être, ou qui vous pourriez être capable d'être.

Comme Michelle Obama le dit si bien dans son autobiographie *Devenir*[18] : « Je savais qu'il était possible de vivre sur deux plans à la fois – d'avoir les pieds sur terre, mais le regard tourné vers le progrès et l'avenir. [...] C'était en se construisant soi-même cette réalité meilleure – ne fût-ce, dans un premier temps, que mentalement – que l'on arrivait à quelque chose. [...] On peut vivre dans le monde tel qu'il est, mais cela n'empêche pas de tout faire pour créer le monde tel qu'il devrait être. »

Chapitre 3

RESPIRER EN HARMONIE

Qui nous sommes, et *ce que nous pouvons devenir*, se définit par nos relations interpersonnelles. Au Japon, ces relations naissent et se développent grâce à un large éventail d'activités communes au cours desquelles l'individualisme de chacun est déterminé et compris à travers leur participation. L'activité du groupe devient le point le plus important.

Ces activités rapprochent les gens des autres, de leurs familles et communautés. La participation permet d'augmenter également le bien-être individuel ; paradoxalement, en s'oubliant pendant un certain temps, on peut se sentir mieux dans sa peau. Moins s'inquiéter pour soi-même, c'est mieux se préoccuper des autres, tout en s'intéressant davantage à l'observation et l'acceptation, et en améliorant sa capacité à s'y adonner.

La cérémonie du thé est une activité pesante, longue et très ritualisée qui mérite d'être pratiquée. Un anthropologue culturel nord-américain blanc bien connu et spécialiste du Japon a levé les yeux au ciel, s'est caressé la barbe et tapoté le ventre lorsque je lui ai annoncé avoir apprécié une telle cérémonie.

« Une seule fois, ça suffit », m'a-t-il lancé, et nous avons ri.

Ce qu'il voulait dire, c'est que l'essence même de la cérémonie du thé, si détaillée, concentrée, répétitive et l-e-n-t-e représente, pour la plupart des gens, ici comme au Japon, une activité somme toute peu ordinaire. L'endroit où l'on s'assoit, la manière dont on s'assoit, les phrases qui doivent être prononcées et le moment où elles doivent l'être, le ton, la lourdeur de tout cela – eh bien, tout cela exige le genre de patience plus souvent associée à l'accomplissement d'un rêve plus important que simplement boire une tasse de thé chaud.

Mais ce qui compte vraiment, ce qu'il faut retenir, c'est le lien avec un pays à travers une boisson. L'Allemagne a l'Oktoberfest, le Japon a sa cérémonie du thé.

Il est tout aussi fondamental de reconnaître que la fragilité de la cérémonie du thé, par opposition à ses règles strictes, se retrouve aussi dans de nombreuses autres expériences. Lorsque je participe, je prends du recul et je repousse le monde. Puis, à un tout autre moment, dans la file d'attente au supermarché, derrière un client pénible, ou coincé dans un embouteillage, ou même pris à partie par un inconnu irrespectueux dans un parc, je peux faire appel à la méditation et au calme inculqués par le fouettage du thé, et attendre. Peu de choses sont aussi importantes qu'elles le semblent. Et comme le dit le rappeur Drake : « *Had a moment but it came and went* », ce qui veut dire « J'ai passé un bon moment, mais c'est vite passé ».

La cérémonie du thé est l'apogée, le summum d'une expérience culturelle. Son organisation, sa structure, et ce qu'elle nous fait ressentir, tout cela peut s'avérer utile pour traverser des situations et des relations beaucoup moins structurées : rester immobile, être attentif, suivre des règles, aller lentement, profiter d'une expérience simple.

Le silence et l'observation de la vie quotidienne, simplement en buvant un café, un thé ou même un cocktail, font partie intégrante de ce que les Japonais appellent *aun no kokyu*. Comme le dit l'écrivain et éditeur Yoji Yamakuse dans son merveilleux livre *Japaneseness*, cette expression signifie « respirer en harmonie ». Il explique : « Si vous ignorez la position de votre interlocuteur et que vous êtes capable de jouer correctement votre rôle, vous serez en mesure de contrôler le flux de la conversation dans ce contexte particulier, sans avoir besoin d'utiliser beaucoup de mots. »

La cérémonie japonaise du thé est très connue. Chez eux, la plupart des gens ne la pratiquent pas minutieusement, on se passe des différents tissus ou louches, du fouettage du thé en poudre, du versement tout en lenteur, des révérences répétitives et de la façon très délicate de servir et de tenir la tasse, de la tourner de telle ou telle façon, qui sont autant d'éléments indispensables au rituel. Néanmoins, les gens sont toujours marqués par la lenteur et la méditation de la cérémonie du thé lorsqu'ils dégustent une tasse de thé vert ordinaire au Japon.

Dans un *ryokan* nippon, chaque pièce est généralement équipée d'un grand thermos branché et rempli d'eau chaude. À côté de celui-ci, sur un petit plateau rond laqué, se trouvent une petite théière, un infuseur et une petite boîte de thé vert frais et parfumé.

Avant ou après une sieste, avant ou après un bain dans les sources chaudes, vêtu d'un *yukata* (un léger kimono en coton), on se prépare une théière qu'on laisse un peu infuser.

Au Japon, les tasses à thé sont suffisamment petites pour tenir dans la paume de la main d'un adulte moyen. Dans un *ryokan*, on s'assoit sur le *tatami* de la pièce, on s'allonge et on sirote du thé en rêvassant, on essaie de rester éveillé, peut-être en pensant à Bashō, le grand poète qui a écrit au XVIIe siècle :

Un moine sirote son thé matinal,
Tout est calme,
*Le chrysanthème en fleurs.**

Tout le monde peut reproduire ça à la maison et au travail. Pas le rituel, mais le thé lui-même. Il faut : de bonnes feuilles de thé

* Traduction libre (N.D.L.T.).

vert, une théière, une boule à thé ou un infuseur, de l'eau chaude frémissante.

Tout au long de la journée, les employés boivent de nombreuses tasses de thé vert. Ces moments créent des ruptures dans leur rythme de productivité implacable, une activité partagée entre collègues, et font remonter les souvenirs de pauses-thé vécues dans un cadre plus bucolique. De plus, le thé peut facilement évoquer des images de magnifiques plantations de thé en terrasses.

L'expérience dépasse le thé lui-même, mais le thé compte aussi. Il a un arôme frais qui peut ravir votre odorat et vous rendre euphorique, en vous faisant imaginer ou même ressentir la nature dans une tasse. Car plus que le thé, c'est la nature, passée et présente, appréciée dans la solitude ou en compagnie d'un autre buveur, qui peut vous apporter un sentiment de bien-être, vous faire oublier qui vous êtes et où vous êtes, tout en affinant votre conscience du plaisir de vous sentir en sécurité et en vie.

Je repense au moine de Bashō, sirotant son thé et acceptant le calme du matin qui l'a amené à un endroit où l'observation d'un chrysanthème en fleurs prenait à ses yeux le pas sur tout le reste. Non, toutes les tasses ne vous feront pas remonter le temps ni ne vous feront ressentir une paix intérieure. Notez que le personnage de Bashō est un moine. Êtes-vous un moine ? Je ne crois pas. Mais si vous ajoutez du thé vert à vos activités quotidiennes, surtout si vous partagez une tasse avec un proche, un ami ou un collègue, il y a des chances que le temps ralentisse. Vous pourriez observer davantage, accepter plus pleinement les personnes avec qui vous êtes *et* apprécier le léger effet de la caféine[19].

Certains des meilleurs thés verts sont cultivés dans la préfecture de Shizuoka, une région du Japon où l'on trouve des parcelles en terrasses de petits théiers, si magnifiques sous la pluie et juste avant la récolte. Lorsque je les ai visitées, et que nous roulions le long des pentes raides des collines, ces rangées parfaites de théiers, identiques en hauteur et en couleur, m'ont évoqué la possibilité d'ordre et d'abondance, de travail acharné et de dévouement, malgré les obstacles.

La production de thé à Shizuoka est menacée par plusieurs facteurs, notamment la concurrence de la Chine (où les salaires sont beaucoup plus bas) ; une jeune génération qui, comme c'est le cas dans le monde entier, quitte la campagne pour les villes, où les opportunités économiques et sociales sont plus nombreuses ; et les coûts de production élevés du thé[20].

Vous pouvez ainsi profiter d'un produit synecdoque parfaite du Japon, tout en soutenant les communautés agricoles qui ont besoin de votre aide. Aux États-Unis, le thé vert est disponible partout, dans les boutiques des stations-service et dans les supermarchés, mais si vous voulez l'un des meilleurs, essayez Ippodo. Cette boutique de thé vieille de plusieurs siècles, installée à Kyoto, a ouvert un magasin satellite dans le quartier de Murray Hill à Manhattan. Si vous n'habitez pas à New York (moi non plus), vous pouvez commander le thé sur Internet et vous le faire livrer depuis le Japon*. La boutique en ligne propose un grand choix de thés, parmi lesquels des thés biologiques et sans caféine, et on y trouve aussi des idées d'accords entre mets (salés ou sucrés) et thés.

Un café, s'il vous plaît

Le Japon est aussi le troisième plus grand consommateur de café au monde (après les États-Unis et l'Allemagne). Les cafés

* Livraison disponible pour la France, la Belgique, la Suisse et le Canada également. (N.D.L.T.)

occupaient une place importante à l'époque culturelle politique précédente, et c'est toujours le cas actuellement.

Dans cette société très codifiée, comme d'autres ayant une histoire marquée par la présence d'une classe dirigeante, on ne se réunissait que peu dans des lieux publics avant l'occidentalisation. Les aristocrates par *ici*, les moines *ici*, les hommes *ici*, et par là, le demi-monde, les commerçants et les pauvres. Le pays était segmenté, et les cafés ont contribué à faire tomber les barrières.

Le café est arrivé du Brésil, où les Japonais s'étaient installés au XIXe siècle comme travailleurs engagés dans des plantations, avant de se tourner plus tard vers la logistique, en devenant marchands et exportateurs. Parmi les premiers espaces publics où Japonais et Japonaises de toutes classes économiques pouvaient s'asseoir et se détendre sans aucune restriction, on trouvait les cafés tout juste créés. Le jazz est venu s'ajouter à cette coalescence.

Le jazz fait toujours partie intégrante de la culture du café au Japon, et quand j'ai mis pour la première fois les pieds dans un café – ou salon de café –, à Tokyo, et que j'ai entendu la musique de Bud Powell sortir de l'excellente sono, suivie de John Coltrane, Miles Davis et Ben Webster, j'ai juste ressenti : waouh ! Aussitôt, je me suis rendu compte que ce que je croyais savoir sur le Japon était complètement faux.

Comme me l'a dit Kenny Garrett : « Au sujet du public qui vient écouter du jazz, je dirai ceci : en général, la culture nippone est celle de la conformité, mais elle se définit aussi par des personnes cherchant à devenir des individus. Le grand batteur et chef d'orchestre Art Blakey a fait découvrir aux Japonais une musique qui parle de cela. »

Le jazz compte pour beaucoup dans cette exploration et cette expérience : la liberté, voire l'encouragement à lâcher prise, à improviser, à profiter à fond de ce comportement public acceptable. Il est permis d'être un individu – le groupe vous en donne la permission !

Dans les premiers salons de café, les gens issus de différents milieux pouvaient parler librement, débattant d'idées souvent venues d'Occident. Un tel radicalisme politique semblait si inquiétant à l'époque que les salons ont été fermés par la police lorsque le Japon est devenu une dictature totalitaire.

Aujourd'hui, les cafés sont partout et, même si les franchises internationales menacent leur existence, ils occupent une place particulière dans le cœur des Japonais. Et c'est aussi dû à la façon dont le café est servi.

Tout commence par le choix des grains de café fraîchement torréfiés (souvent présentés dans des récipients ornés d'une étiquette indiquant la date de la torréfaction), sur les conseils du barista. Si vous êtes un habitué, il sait déjà ce que vous prendrez avant même que vous ne lui demandiez. Ou, mieux encore, vous pouvez laisser le barista décider pour vous. Les grains sont ensuite placés dans un petit moulin à café et moulus à la main. Le serveur chauffe l'eau à la température qu'il juge idéale (ou qu'il se rappelle être celle que vous aviez appréciée lors de votre récente visite) et la verse lentement sur les grains moulus placés dans un filtre ou un infuseur. Il faut compter à peu près de dix à quinze minutes de silence, si on exclut le bruit du moulin, de l'eau qui chauffe, qui coule lentement et le bon vieux jazz en fond.

Il appartient à chacun de décider si le résultat est meilleur que celui d'une préparation plus, disons, efficace et rapide. Ce que je sais, c'est que les éléments visuels et le rythme lent font définitivement partie de l'expérience. C'est relaxant de prendre son temps au milieu de la journée. De se mettre en retrait du rythme fou qui nous est imposé.

C'est merveilleux de s'abandonner à l'expertise du barista derrière le comptoir, de lui permettre de décider quels grains sont les meilleurs, quelle torréfaction serait idéale, quelle mouture est la plus appropriée, combien de temps il faut faire bouillir l'eau, et comment et quand boire le café. Bien sûr, vous pouvez choisir, mais pourquoi s'embêter ? Le barista est le maître du café, le professeur, la personne à qui vous accordez l'*omakase* – le droit de décider. C'est lui qui est responsable du rythme, de l'ambiance, et même si le café a plutôt intérêt à être bon – en général, il est excellent –, ce qui compte, c'est que vous agissiez comme si vous étiez chez le barista, dans sa maison. Ce renoncement est une manière de montrer sa confiance et d'ouvrir la porte à l'intimité.

Dans toutes les villes américaines, il y a de plus en plus de salons de café japonais, et une fois que vous entrez dans ce monde, il y a de fortes chances que vous y éprouviez un sentiment de bien-être. C'est magique de manipuler le temps avec d'un côté la lente préparation du café et de l'autre l'effet stimulant de la caféine. Tout cela accompagné par le saxophone, le piano, la trompette, la batterie et la basse, enregistrés sur disque il y a plus de soixante ans. Et c'est impressionnant de constater que l'expérience du café reflète celle de la musique : le ralentissement dans les deux cas est la structure objective, tandis que l'improvisation découle de l'expérience personnelle.

À la maison, vous pouvez recréer tout ça.

J'ai acheté un formidable moulin à café japonais manuel, et le soir – pas tous les jours – je broie lentement les grains pour le lendemain matin. Vous pouvez aussi vous procurer un récipient en verre japonais qui prépare le café, vous tenir en retrait et la laisser faire, jusqu'à obtenir la tasse désirée. Même si vous ne vous livrez pas à ce processus laborieux, il est toujours possible d'y aller doucement, en sirotant, en réfléchissant et en faisant de votre mieux pour savourer le goût plutôt que d'attendre l'effet exquis de la caféine sur votre corps. Je veux dire, on ne boit pas du vin juste pour être ivre, n'est-ce pas ? Montrez au café le même respect. Ralentir, c'est créer l'espace nécessaire à l'observation. Grâce à l'observation, vous êtes en mesure d'accepter où vous êtes et qui vous êtes – sans ressasser le passé, ou craindre pour l'avenir, mais seulement en étant présent et conscient du simple goût des grains torréfiés qui prennent vie dans l'eau bouillie. L'anticipation du plaisir du café fait partie de l'expérience, avant même de le boire.

C'est un type qui entre dans un bar

Et puis, il y a aussi les cocktails. Comme tant d'autres choses au Japon qui sont inspirées par l'Occident, les cocktails sont les mêmes que ceux que l'on trouve aux États-Unis – et pourtant complètement différents. L'idée de départ était d'accepter les coutumes occidentales tout en les adaptant au mode de vie des Japonais. De nos jours, savourer des cocktails au Japon consiste à créer une atmosphère qui ne se limite pas à l'individu. Le cadre et la manière dont les boissons sont préparées font vivre une expérience de groupe.

Boire des cocktails *avant* le dîner, ce n'était pas très populaire au Japon jusqu'à récemment, parce que l'alcool engourdit les sens[21].

Si vous brouillez le goût, l'odorat et la vision, la nourriture ne sera pas aussi bonne, et c'est aussi une insulte au chef.

Alors, que reste-t-il ? Une grande appétence pour la saisonnalité et le sens de la représentation, qui peut s'appliquer aux États-Unis.

Les cocktails japonais utilisent des herbes, plantes et fruits frais de saison et ces ingrédients comptent tout autant que l'alcool. Ainsi, vous êtes en harmonie avec la nature même assis dans un bar sombre de Ginza à écouter du jazz et à prendre votre temps.

Le récipient dans lequel votre boisson est servie a également son importance. Depuis le cristal de Baccarat dans un bar haut de gamme pour un cocktail à base de whisky jusqu'au grand verre élancé rempli d'un mélange contenant du *yuzu*, une sorte d'agrume, ce que vous voyez est aussi fondamental que ce que vous buvez. Cela fait partie de l'esthétique nippone.

Dans d'énormes blocs de glace, on casse des morceaux à l'aide de pics à glace ou on façonne des cubes ou des sphères parfaites. Les tenues des serveurs, façon stars de cinéma en smoking ou carrément loufoques tout en kilts et écharpes, contribuent à créer une expérience ou un contexte pour les boissons.

Une immense partie de ce qui se passe s'inscrit dans une tradition nippone plus ancienne : celle du fossé énorme entre comportement en public et comportement en privé. Le terme japonais pour la personne que l'on est en public est *tatemae*. Le terme japonais pour le moi privé est *honne* : la vraie personne, c'est celle que l'on est à la maison.

Les gens peuvent s'inventer un personnage en public, jouer un rôle, parfois complètement différent de qui ils sont en privé. Cette tradition crée une nouvelle réalité, imposée aux invités. Bonus : en tant qu'invité, vous pouvez vous aussi jouer le rôle de votre choix.

Le karaoké s'inspire de cette approche théâtrale des relations, et dans les clubs de karaoké à Shinjuku ou Shibuya, par exemple, vous pouvez devenir un cow-boy, une rock star, un bandit, ce que vous voulez. Les boissons alimentent le spectacle.

L'anecdote qui suit s'est déroulée pour la première fois lors de ma première visite au Japon il y a près de vingt ans, lors d'un voyage à Park Hyatt pour célébrer la sortie de *Lost in Translation*. J'avais été invité grâce à la présence des chefs Daniel Boulud, Andrew Carmellini, Mark Fiorentino et Richie Torrissi ; Daniel m'avait demandé de les accompagner[22].

Nous nous sommes entassés dans la salle de karaoké d'un club de motards Harley-Davidson. On nous a servi à boire. Daniel a chanté *Comme d'habitude*, Mark a sauté sur le piano en beuglant *Born to Run*, et je me suis égosillé sur *White Riot*.

Aller dans un bar à l'ancienne, comme le Bar Lupin à Ginza, ancien repaire d'écrivains japonais célèbres comme Yasunari Kawabata et Osamu Dazai, offre une version différente de ce type d'expérience. Le bar est planqué dans une ruelle, en bas d'une volée de marches étroites, et même s'il n'y a aucune chance que vous chantiez quoi que ce soit là-bas, vous aurez un avant-goût de ce que ça fait d'être une autre personne que celle que vous êtes en privé.

Le barman le sait et encourage le spectacle. En fait, comme ici aux États-Unis, les invités sont le divertissement. Vous les observez, et l'employé derrière le bar vous observe.

Les boissons : le barman bouge les mains, éblouit tout le monde par un agile mouvement du poignet et, comme un magicien qui réussit son tour, verse la glace et le liquide dans un shaker. Puis, les bras tendus, il le secoue comme un fou pendant près d'une minute. Ou bien il le mélange méthodiquement avec un long agitateur en métal.

Dans le milieu des bars, Gen Yamamoto est aujourd'hui la plus grande star de la scène tokyoïte. Maigre, grand, vêtu d'une veste blanche et d'une cravate sombre, Gen tient un petit bar à son nom dans le quartier Azabu-Juban. Il se concentre ici sur la saisonnalité de ses cocktails et sert quatre à six petites boissons précises par invité et par visite. Le temps s'arrête ici, et des gens qui ne se connaissent pas se mettent à discuter, car tout le monde savoure les mêmes cocktails et chacun d'eux est un messager.

« Mon *kodawari*, c'est *ichigo-ichiei* », m'a dit Gen. Le *kodawari* se traduit grosso modo par la recherche d'une perfection inatteignable, et qui passe par une pratique sans relâche, une répétition et un souci extrême du détail. *Ichigo-ichiei* signifie « une fois, une chance » et l'idée derrière cette expression est de reconnaître, de comprendre et d'accepter la brièveté de la vie. « Je m'efforce toujours de faire de mon mieux à chaque fois. Sinon, on peut trouver une solution ensemble. »

Chaque fois que je me rends chez Gen, j'ai bu quelque chose de différent. La première fois que je suis entré dans son bar, aménagé comme un sanctuaire, j'ai pensé à commander un gin martini. C'était il y a si longtemps, et j'étais tellement dans l'erreur, si naïf. Mais là-bas, c'est *omakase* à plein tube : c'est Gen qui décide, et il a toujours raison.

Comment pourrait-il en être autrement ? Il passe un temps hallucinant à chercher des herbes et des plantes, à dénicher des productions lointaines, puis des heures et des heures à tenter de perfectionner ses boissons pour qu'elles soient surprenantes, délicieuses, originales et révérencieuses. Son originalité n'est jamais flagrante : contrairement à certains chefs et barmans que je pourrais nommer, Gen ne crée pas juste pour se donner un air innovant. Il est exigeant et, comme les meilleurs chefs du Japon, pour créer, il ôte plutôt qu'il n'ajoute. C'est un minimaliste.

On croise peu de types comme Gen : c'est un vrai fanatique et, en tant que star, il est inspirant.

Et si vous ne pouvez pas transformer votre maison ou votre appartement en un bar japonais, vous pouvez prendre le temps de bien préparer un cocktail plutôt que de vous concentrer surtout sur le liquide. Ça implique de se verser une plus petite quantité, d'utiliser des ingrédients de saison, des verres qui ont un sens ou une symbolique, et peut-être même d'attendre la fin du dîner pour boire.

Dans toutes les villes américaines, de plus en plus de bars nippons ouvrent et se développent. L'un des meilleurs est le Angel's Share, situé juste à côté d'Astor Place à Manhattan, dissimulé en haut d'un escalier au deuxième étage d'un petit bâtiment, derrière une porte anonyme, dans un restaurant. Ici, on peut apercevoir et apprécier ce que ça fait d'être au Japon.

Toutes ces expériences – boire un thé, un café, un cocktail – ont un point en commun : l'anticipation. L'attente et l'observation approfondissent le goût. En rendant l'anticipation aussi importante que la réalisation des souhaits, nous en apprenons plus sur nous-mêmes, nos relations et notre environnement. Comme nous ne ressentons pas encore de satisfaction, nous sommes plus attentifs aux possibilités.

Un autre élément tout aussi crucial, et central à chacune de ces expériences : le silence. Les Japonais ont des activités quotidiennes qui créent des espaces où les mots sont superflus. Au Japon, lors d'une dégustation d'un thé, d'un café ou d'un cocktail, les invités observent souvent la personne qui prépare les boissons sans dire un mot. C'est un signe de respect.

Dans toutes les villes et villages du pays, on trouve de minuscules cafés, dont certains n'ont que trois places au comptoir, où tout est vraiment très calme. Il y a des années, mon amie Yuko m'a emmené dans un salon de thé accolé à une galerie d'art moderne dans les collines de Roppongi, au bout d'un énorme et imposant bâtiment Mori. De ce lieu sortaient surtout des bruits d'eau qui coule dans une longue auge (utilisée pour nettoyer la vaisselle et les tasses), de thé fouetté et de conversations chuchotées. Difficile de croire qu'on était dans le même monde que celui de la vaste capitale à l'extérieur.

Vous pouvez créer ce genre d'expériences là où vous vivez en vous réservant le plus de temps possible et en profitant calmement, très calmement, du thé, du café ou d'un petit cocktail. Éteignez vos appareils électroniques, mettez-vous à l'écoute, et décrochez, pour ainsi dire. Ou mieux encore, ne parlez pas.

L'idée est alors de communiquer avec les autres par le silence.

Relisons la définition de l'acceptation : « Utilisé par une mère parlant à son enfant pour lui faire accepter quelque chose en douceur, accepter la réalité. »

Avez-vous déjà vu une mère et son enfant en parfaite symbiose ? Aucun mot n'est nécessaire. Les mots sont encombrants.

Chapitre 4

DORMIR

Nous naviguions tranquillement entre Niigata et l'île de Sado, le bateau tanguait doucement sur la mer du Japon, et Takeshi a proposé que nous allions dans une grande salle publique pour faire une sieste.

Je connais Takeshi depuis une quinzaine d'années, c'est un homme d'affaires et un ami très proche. Nous nous sommes rencontrés au *Sake No Jin*, un festival annuel à Niigata qui réunit près de cent producteurs de saké, et où pour environ dix dollars on peut déguster du saké à volonté. Un certain nombre d'hommes âgés ne savaient pas quand s'arrêter de boire et il fallait alors les porter.

Takeshi et moi revenions d'une journée d'interviews sur l'île de Sado pour quelques articles que j'étais en train d'écrire.

La pièce dans laquelle nous sommes entrés était aussi grande qu'une salle de classe de lycée de banlieue, et ne contenait aucun mobilier. Nous étions face à de nombreux tapis posés sur une moquette fine, occupant le moindre centimètre carré, et sur chacun d'eux, une couverture était soigneusement pliée. Un mur de fenêtres donnait sur la mer et l'horizon, couleur ardoise. La lumière pénétrait à travers un ciel nuageux.

Quelques familles, couples et amis avaient étalé leurs affaires à leurs pieds ou à côté d'eux. Une trentaine de personnes se trouvaient dans la pièce – même si on ne l'aurait jamais cru, dans un tel silence. C'était aussi calme que dans une bibliothèque : pas même un murmure, juste le bruit des respirations en rythme, d'hommes et de femmes de tous âges et d'enfants somnolant ou dormant à poings fermés. Quelques-uns, éveillés, lisaient des mangas ou jouaient à des jeux sur leur téléphone portable.

Nous avons ôté nos chaussures.

Takeshi nous a conduits prudemment entre les tapis vers deux d'entre eux encore vides, dans un coin de choix, près des fenêtres. Nous avons posé nos affaires, j'ai plié ma veste pour qu'elle me serve d'oreiller, je me suis couché, et très vite, mes yeux se sont fermés. Le tangage du bateau sur l'eau me berçait.

Je me suis endormi.

Dormir dans une chambre ou un endroit rempli d'étrangers est très courant au Japon. Des travailleurs épuisés se traînant dans le métro après être restés bien trop tard au travail (comme l'exigent leurs patrons) jusqu'aux salles de sieste des ferries, le lâcher-prise fait partie de la culture. Le sentiment implicite de sécurité que ressent environ la moitié de la population renforce encore l'expérience[23].

La culture nippone a développé des moyens extraordinaires pour permettre aux individus de s'épanouir, tout en acceptant la contrainte du conformisme social. Toutes ces activités ont en commun de permettre de s'oublier soi-même : de changer son mode de pensée et ses sentiments grâce à une expérience extérieure à soi-même, ou de modifier littéralement son état de conscience.

Allongé sur ce tapis, en chemin vers Sado, j'ai éprouvé des sentiments qui me rappelaient mon enfance : dormir par terre, sur un tapis, dans une pièce remplie de personnes qui n'étaient pas de ma famille, mais qui me faisaient sentir assez en sécurité pour que je parvienne à dormir à leur côté pendant un certain temps. La vie me semblait plus riche de possibilités, et je ressentais un grand bien-être.

Aux États-Unis, nous réussirions bien mieux à résoudre nos problèmes si seulement nous avions l'énergie nécessaire. Trop sollicités, nous finissons trop épuisés pour être capables de changer les conditions qui créent notre stress. Un être humain fatigué est passif et résigné. Pour faire ce qu'il faut pour changer les choses qui nous stressent, nous avons besoin de force et de résilience. Et l'un des meilleurs moyens d'atteindre le bien-être, c'est de faire une pause.

Les 1 % les plus riches font des siestes. Pourquoi pas nous autres ? Je ne plaisante pas quand je dis que les siestes ne devraient pas être le privilège de la classe dirigeante, qui profite de la vie.

Kemi Alemoru écrit sur le site dazeddigital.com en juin 2018 : « Le luxe de la relaxation est généralement réservé aux riches et aux chanceux. Si nous aspirons aujourd'hui à devenir riches, c'est notamment parce que nous rêvons tous de pouvoir un jour arrêter de nous épuiser à la tâche, et d'avoir plus de temps pour nous reposer. D'innombrables études mettent en évidence l'épidémie de privation massive de sommeil provoquée par le capitalisme. »

Faites des siestes.

De plus en plus, le pouvoir des siestes est reconnu. Les exigences de la vie professionnelle et familiale en font un luxe, mais chaque fois que c'est possible, il faut dormir.

Posez ce livre.

Fermez les yeux.

Prenez le plus de temps possible. Je vous attends.

Ça va mieux ?

Les recherches confirment ce que nous ressentons : les siestes sont bénéfiques pour notre bien-être physique et mental. Pas besoin de travailler à la NASA pour le savoir.

Demandez à n'importe quel bébé.

Le Dr Rebecca Spencer, une neuroscientifique de l'université du Massachusetts, à Amherst, dont les recherches portent sur le sommeil, a mené une étude qui, selon un article de la BBC paru en octobre 2018, « semble être la première à démontrer que les siestes, et pas seulement le sommeil nocturne, contribuent à la consolidation de la mémoire émotionnelle chez les enfants. [...] En résumé, "les enfants qui ne font pas la sieste sont vraiment émotifs, et hypersensibles aux stimuli émotionnels", a-t-elle déclaré – parce qu'ils n'ont pas consolidé leur bagage émotionnel –, depuis le début de la journée. »

Les siestes permettent d'avoir une plus grande maîtrise de soi, de digérer les choses et d'accepter les situations sans ressentir le besoin d'y réagir comme si elles étaient urgentes ou impératives. Cette période de réflexion offre à la personne reposée un refuge d'où elle peut observer et peut-être créer un changement.

Nous connaissons tous une personne qui appelle les défis des « crises ». Tout est une crise, une urgence. Cette personne n'a pas la capacité durable de digérer une situation, de l'absorber et de l'accepter, et d'inclure les autres dans sa prise de décision. Si une personne vit dans un monde imaginaire de réactivité, elle vit les changements de l'environnement comme des crises. Pour cette personne, une sieste s'impose, ne serait-ce que pour le bien d'autres personnes soumises à ce fonctionnement de crise qui provoque un stress inopportun. Au moins, les autres se sentiront plus calmes lorsqu'il ou elle dormira.

Après tout, la plupart des adultes ne piquent pas de crises de colère, en tout cas pas comme celles que les bébés et bambins font de temps en temps pour toutes sortes de raisons médicales, psychologiques et circonstancielles. Mais il y en a pour qui le stress est soit un *modus operandi*, un mode de vie, ou un rôle qu'ils se sont assigné à eux-mêmes, ou qui leur a été attribué, dans une pièce de théâtre.

Les cris et les hurlements, les accusations, l'incapacité à faire la différence entre l'important et le futile, et l'ivresse absolue de transformer sa vie en un mélodrame font vivre un enfer à ceux qui gravitent dans leur orbite.

La sieste est un moyen infaillible, comme pour les tout-petits, de transformer cette incivilité en un rêve, où rien ne bouge et où la personne pénible peut revivre ses expériences sans faire de mal à rien ni à personne, si ce n'est à sa couette.

Ne serait-il pas agréable, lors de votre prochaine réunion de famille, de vous tourner vers la personne qui fait regretter aux autres leur venue et de lui lancer : « Va donc faire une sieste ! »

Sans surprise, le Japon a une position ambiguë vis-à-vis des siestes. La pression exercée par les patrons et les collègues pour travailler de longues heures est telle que les Japonais ne dorment pas assez. La mentalité d'après-guerre est terriblement lente à changer : la nation renaît littéralement de ses cendres pour devenir une grande puissance, seul membre asiatique du G-7, force respectée plutôt qu'ennemi redouté. La génération actuelle aux commandes est composée d'hommes de plus de cinquante-cinq ans dont les perspectives et les obligations émotionnelles sont influencées par les traumatismes et les objectifs de leurs pères et de leurs grands-pères. L'épuisement est donc considéré comme un signe d'endurance. Si vous êtes si fatigué que vous ne pouvez plus garder les yeux ouverts, c'est que vous avez tout donné.

Cette vision évoluera lorsqu'un jour les générations d'enfants et de petits-enfants de ces décideurs prendront la relève.

Les générations suivantes mettront en œuvre les valeurs nées de leurs expériences, différentes de celles de leurs aïeux. D'ici là, plutôt que de modifier les exigences d'une longue journée de labeur, les entreprises autorisent et même encouragent les employés à faire la sieste sur le lieu de travail.

C'est une solution japonaise classique : éviter les conflits. L'employeur « gagne » puisque les gens viennent au travail, et les employés « gagnent » parce qu'ils sont payés à dormir sur les heures de travail de l'entreprise. Plutôt que de modifier le contexte qui a causé l'épuisement, les dirigeants ont décidé d'ajouter une sieste. Une autre manière de relever ce défi serait d'avoir une journée de travail plus courte et de revoir à la baisse les exigences de productivité, mais il est toujours plus facile de mettre un pansement sur un système que de procéder à un changement structurel.

Le Japon n'est pas un pays qui investit beaucoup dans les technologies occidentales visant à identifier ou gérer le stress. Les entretiens diagnostiques, l'utilisation d'antidépresseurs et autres psychotropes, et les interventions thérapeutiques restent rares. Pourtant, les taux de dépression sont à peu près les mêmes que dans les pays occidentaux développés, et même le taux de suicide, qu'on estime élevé, ne l'est pas tellement : le Japon se situe au quatorzième rang mondial, avec 18,5 %, et la France, où la *joie de vivre** participe au mythe national, se situe au dix-septième rang avec 17,7 %. Les États-Unis ne sont pas loin derrière : vingt-septième avec un taux de 15,3 %.

En fait, en 2015, les États-Unis et le Japon se situent à peu près au même niveau pour cette statistique désastreuse : « À partir d'une enquête comportant quelque 40 000 réponses valides, le nombre de tentatives de suicide a été estimé à environ

* En français dans le texte (N.D.L.T.).

530 000 (entre 456 000 et 607 000). Il y a eu 24 025 suicides au Japon cette année-là, soit environ vingt-deux tentatives pour chaque suicide, un chiffre proche de celui déclaré par le CDC, de vingt-cinq tentatives pour un suicide aux États-Unis. »[24]

Ceci signifie que non seulement le Japon ne pathologise pas les défis attendus et nécessaires de l'être humain, mais qu'il possède d'autres moyens moins invasifs et plus naturels dont on peut s'inspirer pour créer du bien-être.

L'un de ces moyens consiste à normaliser l'importance d'un sommeil suffisant. Historiquement, la culture ne s'appuie certainement *pas* sur une vision du sommeil et de la sieste comme moments normaux et nécessaires de la journée. Pourtant, ironiquement, le simple fait que l'on puisse trouver des Japonais endormis dans des endroits qui seraient tabous aux États-Unis suggère que les mécanismes pour que les gens au Japon dorment plus et travaillent moins existent déjà.

C'est une nation qui a le potentiel pour mieux faire usage du sommeil. Les Japonais ne dorment pas autant qu'ils le pourraient, pour paraphraser mon professeur de géométrie de Seconde (qui faisait référence à mon manque apparent de volonté à démontrer mes capacités).

Ils peuvent réussir s'ils le veulent vraiment ! Et nous aussi.

Plus d'une fois, je me suis assoupi dans le métro de Tokyo, réveillé plusieurs arrêts après ma destination par des gars en uniforme bleu brandissant des matraques blanches, intimant à tous les bons à rien de sortir de là. Le dernier train est à minuit, et les trains du matin commencent à cinq heures, ce qui veut dire que si vous n'êtes pas rentré chez vous à temps, vous risquez de passer la nuit dehors. C'est assez fréquent à Tokyo, car les taxis sont parmi les services les plus chers de la ville. Juste avant l'heure fatidique, on voit ainsi des dizaines de personnes, telles des Cendrillon, se précipiter pour rentrer avant que les trains ne s'arrêtent.

J'ai aussi déjà fermé les paupières lors de réunions d'affaires, juste pour les reposer quelques secondes, mais un ami m'a donné alors un coup de coude rapide et précis dans les côtes, au bout d'environ cinq minutes de sieste. C'est accepté comme un signe de mon dévouement, de ma persévérance : le type est fatigué par le décalage horaire et les douze ou treize heures de différence entre Tokyo et la côte Est des États-Unis, mais il est venu ! Il a une telle conscience professionnelle qu'il repousse ses limites. C'est paradoxal, je sais.

J'ai fait la sieste dans des cafés, des parcs, en attendant sur un banc qu'un siège se libère au comptoir d'une échoppe de nouilles, et une fois, j'ai bien failli m'assoupir dans le hall d'un hôtel et raté le bus qui devait me conduire à l'aéroport, où je devais prendre un vol pour Osaka. Je n'étais pas un cas unique : autour de moi, des gens de tous âges et de tous sexes s'endormaient.

Personne ne s'en offusque, c'est considéré comme normal de se laisser aller, de ne pas pouvoir tout gérer, de laisser la fatigue prendre le dessus. Je ne dis pas que c'est idéal, mais ce que j'aime dans tout ça, c'est que personne ne s'énerve – sauf la police à bord du dernier train.

Imaginez si nous avions tous le temps de dormir plus et de travailler moins.

Chez moi, aux États-Unis, je fais dès que possible des siestes en fin d'après-midi, entre quinze et quarante-cinq minutes, et quand je me réveille, je suis de nouveau prêt à faire partie du monde. J'aimerais pouvoir faire régulièrement la sieste en public, et l'idée d'encourager les gens à dormir davantage dans le cadre d'une prise en charge thérapeutique est un bon point de départ pour diminuer le stress.

Je sais que les personnes qui viennent me demander de l'aide ne dorment pas assez : environ 90 % des personnes évaluées me disent qu'elles ont du mal à s'endormir et à rester endormies, qu'elles se réveillent trop tôt, qu'elles ont fait des cauchemars. Le jour suivant est foutu. Si elles trouvaient un moyen de dormir suffisamment, ce serait bien plus efficace que n'importe quelle technique invasive. D'abord, essayez de dormir un peu. Voyez comment vous vous sentez. Toujours stressé ? Parlez à votre médecin des médicaments qui pourraient vous aider. Ce n'est pas forcément l'un ou l'autre, ce qui compte, c'est de savoir *quand* passer à la vitesse supérieure. La médecine moderne fonctionne bien en parallèle avec des approches complémentaires.

À une époque, avant 1937, quand pour la première fois le produit intérieur brut (PIB) a été utilisé pour mesurer la réussite d'un pays, les gens dormaient plus et étaient moins productifs[25].

Une fois que la croissance économique est devenue une mesure, d'autres réalités participant au bien-être ont été dévalorisées.

Le Japon ne fait pas mieux que les autres pays pour résoudre cette problématique du PIB considéré comme mesure du progrès. Mais là-bas, un élément différent rend la résolution plus accessible : le désir de sommeil et l'acceptation de la sieste – sa normalisation – font partie de l'ADN culturel nippon. C'est normal d'avoir sommeil, et cet état ne nécessite pas forcément d'intervention médicale.

Il n'y a plus qu'à : travailler moins, dormir plus. Plus facile à dire qu'à faire !

Dans un article du *Guardian*, les Japonais sont décrits comme plutôt fatigués : « Seuls 54 % des Japonais interrogés dans le cadre du "sondage sur les chambres" estiment bien dormir toutes les nuits ou presque toutes les nuits. »

L'*inemuri* (« dormir tout en étant là », ou « sieste-minute »), très répandu au Japon, est une forme d'épuisement pur et simple, et une démonstration ironique du dévouement absolu de la personne : elle s'est tellement épuisée à la tâche qu'elle a dépassé les limites de sa conscience, et s'est endormie.

Comme je l'ai dit, ça m'est déjà arrivé au Japon.

Ne vaudrait-il pas mieux revoir à la baisse les exigences du travail ? En attendant, les entreprises japonaises soutiennent les siestes. Le gouvernement nippon, reconnaissant le problème et considérant les stratégies des entreprises comme des solutions viables, encourage également les siestes. De nombreuses entreprises du pays disposent désormais de salles et de moments dédiés à la sieste. Ça peut sembler généreux, et c'est peut-être le cas, mais au final, l'employé ne quitte pas son travail.

La « dette de sommeil » était « l'une des expressions en vogue au Japon en 2017 ».

Les gens au pouvoir sont prêts à faire travailler leurs employés jusqu'à l'épuisement. Pour être clair : ce n'est pas comme si les hommes au sommet prenaient de longues vacances et se reposaient suffisamment eux non plus. C'est un des symptômes de l'empressement national complètement fou à créer l'une des plus grandes puissances économiques du monde, et qui dure depuis des décennies. Il a fallu sacrifier quelque chose pour que le Japon puisse prendre sa « place légitime » parmi les puissantes nations occidentales. De nombreux Japonais se disaient qu'ils dormiraient quand ils seraient morts. Réussir à surmonter la honte de la défaite de la Seconde Guerre mondiale grâce un travail acharné comptait bien plus que leur fatigue personnelle.

Eh bien, cet objectif de devenir une puissance mondiale, aux côtés de l'Occident postcolonial et puissant, a été atteint, je suppose. Puis, en 2017 ou à peu près, les Japonais en manque de sommeil ont décidé que si la situation avait convenu à leurs pères et grands-pères, eux avaient besoin de plus de repos.

Certaines entreprises japonaises ont trouvé des moyens innovants pour permettre aux gens de dormir au travail. « La société Nextbeat Co., basée à Tokyo, a créé deux "chambres à coucher stratégiques", l'une réservée aux femmes et l'autre aux hommes. Le promoteur immobilier Mitsubishi Estate Co. a également mis en place trois salles de sieste pour les hommes et les femmes. » Il ne s'agit pas seulement d'*aider* les gens à se reposer par pure bonté d'âme. Les entreprises ont bien conscience des coûts économiques de l'épuisement.

Nao Tomono, un consultant en sommeil qui a organisé des séminaires pour la Sompo Japan Nipponkoa Himawari Life Insurance Inc. (une entreprise qui a fourni à ses employés un appareil portable pour mesurer la durée et la profondeur du sommeil), a déclaré : « Il est de plus en plus important de s'intéresser au sommeil, car une faible efficacité au travail et des troubles mentaux et physiques entraînent de lourdes pertes économiques. »[26]

Aux États-Unis, les fleurons de l'industrie partagent les préoccupations de leurs homologues japonais. Selon le magazine *Inc.*, « le manque de sommeil coûte aux entreprises américaines la somme faramineuse de 63 milliards de dollars par an en productivité ». Il va donc de soi que certaines entreprises veulent changer les choses.

Le site web sleep.org. indique que Ben & Jerry's, Zappos, Nike et la NASA, parmi beaucoup d'autres, proposent des salles de sieste à leurs salariés. Le partisan le plus connu de la sieste au travail est Google. Selon un rapport de CBS News, on trouve dans ses locaux des « capsules de sommeil, avec des masques pour les yeux en cachemire ». Comme l'a déclaré David Radcliffe, vice-président des services immobiliers et des espaces de travail chez Google, dans une interview accordée à CBS, « aucun bureau n'est complet sans une capsule de sieste ». Ariana Huffington, comme d'autres, a fondé une entreprise qui loue des matelas et des chambres pour se reposer pendant la journée. Mme Huffington, qui possède Thrive Global, note que « 87 % des employés dans le monde ne sont pas investis dans leur travail, 78 % des entreprises identifient le stress comme un risque majeur pour la santé au travail, et 96 % des cadres supérieurs se sentent à bout ».

Les Américains sont exténués. Si les coûts économiques sont ahurissants, les risques pour la santé sont si importants que les CDC se sont penchés sur la question et ont constaté, selon une étude publiée en février 2016, que « plus d'un tiers des adultes américains ne dort pas assez régulièrement ».

Pensez à comment vous vous sentez et agissez au travail et avec vos proches lorsque vous ne dormez pas assez. Il y a de fortes chances que vous soyez irritable, explosif, en colère, malheureux et déconcentré. Rendez-vous compte que vous n'êtes pas le seul à être fatigué. Que faire alors ?

Nous évoluons au sein de groupes stressés. Si vous voulez savoir ce qui participe au désordre national dans lequel nous vivons, intéressez-vous au problème de l'insomnie. Si les Américains dormaient davantage, nous aurions plus d'énergie au réveil, et alors nous pourrions changer les relations que nous avons avec les autres, et les choses qui nous empêchent de dormir la nuit.

Et bien sûr, ceux qui sont les plus privés de leurs droits, qui ont le moins de pouvoir, ont aussi le moins d'heures de sommeil. L'étude du CDC note que « la durée du sommeil sain était plus faible chez les Hawaïens natifs et insulaires du Pacifique (54 %), les Noirs non-Hispaniques (54 %), les non-Hispaniques d'origine multiple (54 %) et les Indiens d'Amérique/autochtones d'Alaska (60 %) en comparaison des blancs non-Hispaniques (67 %), des Hispaniques (66 %) et des Asiatiques (63 %). » Le CDC a constaté que cette « courte durée du sommeil », moins de sept heures par nuit, était la plus répandue chez les Noirs américains (45,8 %) et la plus rare chez les Blancs américains (33,4 %).

Le sommeil est devenu un bien, voire un luxe, et si vous pouvez vous le permettre, vous pouvez en avoir davantage. L'épuisement ne nous affecte pas tous de la même façon.

Certaines raisons expliquent pourquoi certains d'entre nous sont bien reposés et d'autres sont fatigués tout le temps ou la plupart du temps. Dans son livre *The Happiness Fantasy**, Carl Cederström mentionne Jonathan Crary, auteur de *24/7 : le capitalisme à l'assaut du sommeil* : « Jonathan Crary soutient que le capitalisme cherche maintenant à coloniser les gens à tout moment, y compris lorsqu'ils dorment. Aux États-Unis, affirme-t-il, une personne moyenne dormait dix heures par nuit au début du XXe siècle, puis huit heures dans les années 1950, et six heures et demie aujourd'hui. [...] Le sommeil est menacé de soumission face à la logique productiviste. »**

Cederström fait référence aux travaux de Byung-Chul Han, professeur à l'université des arts de Berlin et auteur de *La Société de la fatigue* : « Lorsque chaque moment est vu comme une occasion de se rendre plus productif ou plus effi-

* Non traduit en français (N.D.L.T.).

** Traduit par Grégoire Chamayou, éditions de La Découverte, Paris, 2016.

cace, alors il n'y a plus de bulles de temps improductif, à l'abri de l'accumulation capitaliste. Cette obsession de la réussite et de l'activité "génère une fatigue et un épuisement excessifs". Pire encore, c'est une fatigue solitaire. Elle a, poursuit Han, "un effet de séparation et d'isolement". »*

Espérons que vous avez la chance de travailler dans une entreprise qui vous paie pour faire la sieste. Ainsi, lorsque vous vous réveillerez reposé, vous pourrez réfléchir à des moyens d'améliorer vos conditions de travail et d'obtenir un salaire plus élevé, afin de réduire ce besoin de faire la sieste.

La sieste est une façon d'accepter les problèmes de la vie et de se dire : « Vous savez quoi ? Je dis pouce pendant un petit moment. Je fais une sieste. Je ne travaille plus. »

Je ne préconise donc pas les siestes pour vous permettre de produire davantage. Mais si vous voulez donner du sens à l'une des activités les plus gratuites que nous puissions entreprendre, faites-vous plaisir. Je vois les siestes plutôt comme Clinton les voit.

Clinton est ma chatte, une vieille boule de poil sans famille qui vit dans les rues du Lower East Side de Manhattan (son nom vient d'une rue de cette ville), et elle passe la plus grande partie de son temps à dormir. Elle est de loin l'une des créatures vivantes les plus détendues que j'ai jamais rencontrées. Elle s'y connaît en bien-être, allongée sur le dos, les pattes en l'air, son corps dans un état de repos total, comme si elle venait d'être rejetée sur le rivage. Elle ne pense pas à être plus productive, au contraire, c'est la dernière idée qui lui viendrait à l'esprit.

Sois donc plus comme Clinton, me dis-je. Et vous aussi, soyez plus comme elle.

* Traduit par Julie Stroz, éditions Circé, Belval, 2014.

Chapitre 5

SE BAIGNER

Y a-t-il sur terre un peuple plus propre et mieux lavé que tous les autres ? Si seulement des recherches existaient sur le sujet, nous pourrions le découvrir. Ce que nous savons en revanche, c'est que le Japon, en tant que nation, tente de faire disparaître la saleté de la vie, réelle et spirituelle, en la lavant. Les Japonais adorent se baigner. On organise des journées de congés au *onsen* et au *ryokan*, où plusieurs générations se plongent en famille dans l'eau chaude, tous nus de la tête aux pieds, généralement les femmes d'un côté et les hommes de l'autre, restant ainsi assis, les yeux fermés et accueillant l'étreinte de la nature. De même, les bains publics, qui ont autrefois proliféré dans les villes américaines, permettent de se baigner nus en compagnie de voisins et d'inconnus, et la gêne de la nudité diminue considérablement, elle disparaît même parfois.

Ça, c'est vraiment l'acceptation façon *ukeireru* !

Le bain est *de rigueur** au Japon, et chaque fois que c'est possible, les gens s'immergent dans l'eau chaude ou y pensent très fort. Tout commence le matin dans une baignoire, à la maison ou dans un bain public, avec des seaux qu'on se verse sur la tête. L'expérience se termine après une journée de travail, quand, débraillé et épuisé, on plonge dans une baignoire.

Lorsque je séjourne dans un *ryokan*, ces auberges du pays, je prends des bains dans les sources chaudes de chaque domaine

* En français dans le texte (N.D.L.T.).

avec d'autres hôtes nus avant le petit déjeuner, après le petit déjeuner, après le déjeuner, avant le dîner et après le dîner.

De nombreuses cultures accordent une grande importance aux bains publics et privés. Le Japon n'est pas unique, mais il y a une énorme différence entre le bain au Japon et la manière dont il est pratiqué ailleurs dans le monde.

Les Grecs de l'Antiquité, puis les Romains, ont fait du bain un pilier de leur culture sybarite. Les gens aisés de l'époque profitaient de plaisirs démesurés dans des stations balnéaires élitistes[27].

C'est bien là le nœud du problème : se baigner, que ce soit dans l'Antiquité ou jusqu'à nos jours, était et reste dans de nombreuses cultures la chasse gardée des classes supérieures, un privilège et un symbole de richesse. À part les fortunés, qui a le temps et l'argent nécessaires pour se baigner ?

En Europe occidentale, c'est même devenu une industrie. Inspiré par les écrivains qui ont placé les villes thermales dans leurs romans, et par les agences de voyages qui font la promotion des stations thermales, un marché haut de gamme s'est développé, de Marienbad à Aix-les-Bains, de Loèche-les-Bains à Vichy[28].

« Partir en cure », c'est ainsi que disaient les riches au XIXe et au début du XXe siècle. On y allait pour se débarrasser du stress de la vie (ou de problèmes médicaux graves, comme la tuberculose, incurable avant la découverte des antibiotiques). On parlait peu des causes du stress, et l'objectif était de se « soigner » dans une parenthèse d'amnésie volontaire qui reposerait sur des longues baignades dans des bains extérieurs et intérieurs alimentés par des sources chaudes naturelles.

Mais les bains avaient aussi une autre fonction. Les immigrants arrivant aux États-Unis et les travailleurs des villes européennes vivaient entassés dans des chambres ou des appartements dépourvus de douche ou de bain. On trouve encore des vestiges de bains publics dans le quartier du Lower East Side à New York.

Quand j'étais petit, mon père m'a emmené dans un bain public (un *schvitz*, un lieu de transpiration, comme il l'appelait) dans le Garment District de Manhattan, situé au sous-sol d'un bâtiment quelconque, rempli de grands hommes vieux et imposants, nus et vacillants, qui entraient et sortaient des bains chauds en titubant sur des carreaux glissants. Ils n'étaient pas silencieux, ils grognaient beaucoup, et ce bruit ne ressemblait à rien de ce que j'avais entendu auparavant : ce qui était familier, c'était cette expression de soulagement et même de plaisir ; ce qui m'était inconnu, c'était les soupirs de tristesse, si reconnaissables. Entre les bains, nous nous sommes assis dans une pièce humide avec une rangée de bancs en bois, et certains hommes se flagellaient avec de longues branches de chêne feuillues et aromatiques. Si je ferme les yeux et reste immobile un moment, je peux encore sentir l'odeur des feuilles et de la sueur des hommes fatigués.

Ce qui se passe au Japon ne concerne pas vraiment une élite, ni ceux qui mènent une vie particulière. Presque toutes les communautés ont un bain public où il est possible de savoir pour de vrai qui est qui et de montrer au monde qui on est aussi. On y accepte sa propre nudité imparfaite, et on accepte celle des autres.

Il est difficile d'être intimidé par des gros bonnets snobs lorsqu'on se baigne à côté d'eux complètement nus des pieds à la tête.

Dans un *ryokan* particulier où j'ai séjourné de nombreuses fois, le propriétaire est un octogénaire très distingué, à l'allure austère et capable de faire sentir aux autres personnes autour qu'elles sont insignifiantes. Lors de nos rencontres au fil des ans, nous avons parlé de tout ce qu'il avait vécu, ainsi que de ses voyages et de tout ce qu'il savait, je restais complètement interdit.

Ce n'est que récemment, lorsqu'il est entré par hasard dans la salle des bains au moment où je m'y trouvais, qu'il a jeté son *yukata* et montré à tous son corps frêle, maigrichon et pâle, s'est versé un seau d'eau sur la tête avant de me rejoindre dans l'eau chaude, que je me suis senti à l'aise d'être avec lui.

Le Japon, dans son ensemble, connaît depuis des siècles les innombrables bénéfices des bains chauds pris en compagnie d'autres membres de la communauté.

Permettez-moi de vous donner un exemple encore plus personnel de cela, et de la manière dont le bain est vécu au Japon aujourd'hui.

Récemment, je dînais dans un *izayaka* avec Hiro, un vieil ami. Nous nous étions rencontrés à une conférence sur l'alimentation il y a longtemps, par le biais d'amis communs. Passionné par la nourriture, qu'il appelle sa religion, Hiro a obtenu un diplôme en sciences politiques à l'université Waseda de Tokyo, mais il conçoit aujourd'hui des sites Internet pour des entreprises japonaises qui exportent en Occident.

Hiro et moi venions de dévorer environ huit petits plats : saumon grillé, tofu frais aux poivrons sansho, patates douces à la vapeur, etc.

« Je veux te parler de mon nouveau loisir », a dit Hiro.

C'est un homme peu loquace, je savais donc que la bière et le saké que nous avions également bus le poussaient à s'ouvrir à moi.

« Ah oui ? ai-je lancé.

– Oui, a-t-il dit. »

Nous avons mangé et bu encore un peu en silence.

« Ton loisir, ai-je repris, après un certain temps.

– Mmm, a-t-il répondu entre deux bouchées. Oui, mon loisir. »

J'ai attendu.

« J'aime le spa, a-t-il ajouté.

– Le spa ?

– Oui, j'ai commencé à y aller plusieurs fois par semaine en ville, a-t-il déclaré. Je trouve l'expérience très relaxante.

– Combien de temps passes-tu là-bas à chaque fois ?

– Trois heures, en moyenne.

– Trois heures ?

– Mmm, hmm.

– Comment est ce spa ? »

Il a expliqué.

« OK, ai-je conclu. Alors, allons-y.

– Ce soir ?! s'est-il écrié l'air aussi surpris que ravi. Super ! »

Après le dîner, Hiro a appelé un taxi, et nous avons traversé les longues avenues du quartier de la gare de Shinjuku, puis des ruelles, jusqu'à ce qu'il dise au chauffeur de s'arrêter devant une longue rangée de hauts bâtiments gris qui semblaient contenir de petits bureaux.

Nous sommes sortis et Hiro a commencé à chercher. Au Japon, il existe des règles strictes concernant la taille et l'apparence des enseignes, si bien que même les autochtones peuvent avoir du mal à trouver ce qu'ils cherchent. Finalement, nous sommes tombés sur un long panneau vertical couvert de noms, y compris celui qui nous intéressait, et nous sommes montés dans un ascenseur conçu pour quatre personnes.

La porte coulissante s'est ouverte au dixième étage, réservé aux hommes. (Le neuvième étage est réservé aux femmes.)

Ce n'était pas du tout ce à quoi je m'attendais.

Au centre d'une minuscule hall d'entrée, un espace de réception, où un homme se tenait derrière un comptoir. Pour mille yens japonais, soit environ dix dollars, on nous a donné à chacun la clé d'un casier et une heure pour profiter du lieu.

Après avoir retiré nos vêtements et les avoir rangés, Hiro et moi sommes passés dans un petit couloir et avons poussé une porte ouvrant sur les bains.

Dans une pièce de la taille de quatre monte-charge, on trouvait un bain froid, un bain chaud, quelques chaises longues et un sauna sec. Tout autour de nous, près de deux douzaines d'hommes, jeunes et vieux, sans gêne, nonchalants, comme si c'était la chose la plus naturelle au monde que de se prélasser nus parmi des inconnus.

Aucune sexualisation ici, juste un endroit pour lâcher prise, pour embrasser l'étrange confort qui peut surgir à ce niveau extrême de vulnérabilité.

Nous sommes restés une heure, personne n'a parlé autour de nous, et je me suis endormi un moment dans un fauteuil entre les différents bains.

Après le spa, Hiro m'a montré un petit salon près de la réception où, pour environ 1 500 yens, nous pouvions prendre une bière, une boisson non alcoolisée ou un whisky et quelques amuse-bouches. À côté de là, une pièce sombre avec des lits de camp. Les hommes pouvaient y passer la nuit pour environ 3 000 yens.

Ce n'était pas un abri de nuit ou un genre d'auberge de jeunesse bon marché : les murs étaient recouverts de photos encadrées et signées par certains des plus célèbres joueurs de base-ball nippon. Ce spa, comme la plupart dans le pays, a expliqué Hiro, accueillait toutes sortes de gens, des hommes d'affaires aux célébrités.

« Les joueurs de base-ball viennent souvent ici pour se détendre. Et on trouve au moins un de ces spas à proximité de chaque station de métro. Il doit y en avoir au moins un millier rien qu'à Tokyo, certains réservés aux hommes, d'autres aux femmes. »

Je ne suis pas persuadé que ce genre d'entreprises pourrait prospérer en dehors du Japon, même si on m'a dit qu'elles apparaissaient dans certaines villes américaines, comme San Francisco. Pour autant, je comprends pourquoi c'est devenu le loisir de mon ami : je me suis senti vulnérable et en sécurité à la fois. C'était aussi une manière de me fermer au monde extérieur. Dans le spa, les stimuli étaient réduits, c'était reposant, calme et au ralenti.

Dans de nombreux bains publics, les Japonais se présentent avec des petits sacs contenant des serviettes, des produits de beauté et autres. Contrairement à un *schvitz*, on n'entend pas de grognements et les gens sont généralement calmes. Il n'y a pas vraiment de honte à être nu dans un bain avec un groupe de personnes : c'est considéré comme un mode de vie naturel. C'est une autre façon d'accepter de faire partie d'un groupe établi.

Le Japon dispose de sources d'énergies géothermiques, ce qui permet de trouver facilement de l'eau chaude naturelle pour diluer ses problèmes. C'est aussi une forme d'acceptation : la nature ne va pas devenir moins violente ; il y aura toujours des tremblements de terre et des volcans au Japon. Acceptez donc les bienfaits des sources d'eau chaude qui accompagnent ces caractéristiques naturelles, par ailleurs puissantes et mortelles.

En fin de compte, la principale caractéristique de la culture nippone du bain, dont nous pouvons tirer des enseignements, est sa nature démocratique. Au Japon, les bains sont populaires et pensés pour être appréciés par tout le monde : ce n'est pas une activité réservée aux élites, ou au contraire aux pauvres des villes[29].

Les hommes et les femmes nus, poitrine ou torse nus, sont tenus d'utiliser une petite serviette pour couvrir leurs parties génitales lorsqu'ils passent aux douches (obligatoires) ou des seaux en bois aux sources d'eau chaude.

Il faut se laver avant et après le bain avec du savon et du shampoing ; le bain, c'est juste pour se détendre. Une fois plongé dans les sources d'eau chaude, il convient de poser la serviette, soigneusement pliée, sur sa tête ou au bord du bassin.

Vous êtes là, immergé jusqu'au cou, les yeux fermés, peut-être en train de discuter à voix basse avec un ami, en essayant de ne pas « faire un avec l'eau » ou de « partir en cure », tout en vous sentant quand même vraiment et véritablement aussi proche de la nature que possible. De nombreux bains, dans des *onsen* et dans les communautés, sont entourés de rochers et de forêts. En plein air, bercé par le bruit des oiseaux, la brise dans les arbres, il y a peu d'expériences plus sensationnelles que l'immersion dans l'eau alors que la neige tombe ou qu'une pluie torrentielle s'abat.

En gros, il existe deux façons de se baigner au Japon. On peut se baigner seul, ou avec un groupe d'amis ou d'inconnus. Ces deux méthodes ont des mérites extraordinaires.

L'une des expériences de baignade les plus mémorables de ma vie a eu lieu dans un petit bassin creusé au *ryokan* Kayotei. C'était avant l'aube, et personne d'autre n'était réveillé. J'étais en proie au décalage horaire et je me suis traîné pieds nus dans des couloirs froids sur des *tatami* fleurant la paille de riz, avant de descendre un court escalier pour me rendre aux bains. J'ai ôté mon *yukata*. Par terre, devant les robinets, des seaux en bois et un tabouret en bois plat. Je me suis rincé avant d'entrer dans l'eau. Devant le bassin, une baie vitrée en guise de mur, munie d'un loquet. Je l'ai ouvert et la fenêtre a coulissé. De la neige est entrée dans la pièce. J'entendais même des flocons de neige tomber sur des branches noires. Peu à peu, à mesure que la lumière grandissait, et alors que j'étais là, assis dans le bain, la forêt m'est apparue. J'étais seul, mais j'étais au milieu de la nature, donc pas esseulé.

Une autre fois, je me suis baigné avec un groupe d'inconnus, des Japonais et des Occidentaux, à l'extérieur du *ryokan* Myojinkan à Matsumoto. La plupart d'entre nous chuchotaient et riaient, profitant simplement du plaisir d'être ensemble dans l'eau chaude. J'ai alors éprouvé un sentiment d'appartenance intense, comme jamais auparavant.

Des études confirment ces anecdotes. On en trouve qui décrivent une pression sanguine plus basse, moins de douleurs arthritiques, une peau plus douce et un calme mental grâce à la baignade dans des sources chaudes naturelles. Les résultats eux-mêmes ne sont pas concluants, et rien ne garantit que les effets soient durables. Mais ce n'est pas vraiment le plus important.

Le bain apaise, il offre *une sorte de* remède, et personne n'a besoin d'un médecin pour dire quand quelque chose fait du bien. Cette information est un bonus, comme de découvrir que les scientifiques ont prouvé que non seulement le gâteau au chocolat est délicieux, mais qu'en plus il est bon pour vous.

Ces derniers temps, faire entrer le bain dans la vie d'un plus grand nombre de personnes, de près et de loin, est devenu une véritable mode. L'un des plus grands partisans de cette tendance est le mouvement des bains de forêt, incarné par Shinrin Yoku (shinrin-yoku.org). Le site indique que le bain de forêt aide à « respirer, se détendre, vagabonder, toucher, écouter, guérir »[30].

Dans l'eau chaude jusqu'au cou

D'un point de vue plus entrepreneurial, et si vous vous trouvez trop loin d'une forêt, sachez qu'ouvrent dans les villes et métropoles occidentales des bains publics rénovés proposant des baignades paisibles[31].

En Europe, on trouve des stations thermales dotées de bains romano-irlandais, dans lesquels hommes et femmes se promènent nus ensemble, passant de bain en bain, chacun à une température différente, en silence, pour tenter de diluer ses soucis dans l'eau. J'ai moi-même essayé, et je peux vous dire que c'est un moyen inoubliable de faire connaissance avec ses voisins. Ces bains nous mettent en contact avec notre corps, la nature et les autres membres de notre communauté. C'est une leçon d'humilité que de s'asseoir et de s'immerger dans l'eau sans parler. L'eau prend le dessus, et c'est une façon de changer nos pensées et nos émotions, et d'accepter notre place dans le monde, vulnérables et à la vue de tous.

Et maintenant, tous au bain

Toutes les religions reconnaissent que le bain a le pouvoir de nous rapprocher des choses extérieures à nous-mêmes.

Le rituel du baptême dans le christianisme. Le *mikvah* ou bains rituels du judaïsme. Le bain rituel annuel dans l'hindouisme lors du *Magh Mela* à des fins de purification, et l'importance du bain quotidien connu sous le nom de *snanam*. Dans l'islam, on trouve l'ablution, le *ghousl* pour la purification. Chacun d'eux comporte une connotation de culpabilité et de honte, enveloppée dans une condamnation de la sexualité.

Mais si le bain moderne peut être enraciné dans une certaine volonté tordue de se laver de ses péchés, il se rattache bien plus aux coutumes des peuples de l'Antiquité : nous célébrons le corps, dans l'eau, seuls ou avec des amis et des inconnus, plus proches de notre âme et de la nature que lorsque nous sommes habillés.

Les Japonais ne sont pas une société particulièrement religieuse de nos jours. Ils vivent bien plus dans une forme de spiritualité que dans la crainte d'un dieu, voués à l'apaiser par la prière et l'obéissance. Leur approche nous permet de comprendre que si nous savons ce que la nature attend de nous, nous sommes mieux à même de l'accepter et de nous accepter nous-mêmes.

Parfois, j'ai l'impression de me noyer parce que j'ai échoué ou que j'ai déçu les autres ou moi-même et cette décision d'accepter l'échec et le dégoût de soi-même me stresse. Mais une fois que je suis *dans l'eau chaude*, ce qui me fait peur et me rend malheureux semble moins puissant. Ce n'est pas un remède, mais un répit.

Chapitre 6

C'EST QUOI, LA NATURE ?

Les Japonais, qui vénèrent et respectent la nature au point que certains aspects de leur identité sont définis par le fait de se trouver dans des jardins et des forêts, dans les montagnes et au bord de la mer, sont en même temps incapables de résister à l'envie de détruire ce qui les nourrit.

Le Japon compte parmi les nations industrialisées qui dégradent le plus l'environnement, depuis la chasse à la baleine jusqu'aux toxines dans le sol, en passant par les polluants dans l'air et la transformation des terres arables en friches industrielles.

L'empressement d'après-guerre à reconstruire une économie qui pourrait être compétitive au niveau mondial et qui compenserait peut-être l'humiliation de la défaite a poussé les gouvernements et les entreprises nationales à donner la priorité à la croissance plutôt qu'à la protection de la nature. Il semblait alors plus important de rebâtir la nation que d'agir de manière responsable envers l'environnement. Cette décision douloureuse était en contradiction avec une éthique beaucoup plus ancienne de culte de la nature qui imprègne la vie des Japonais.

En plus des dégâts environnementaux causés délibérément, les Japonais, comme nous le savons tous, ont subi des destructions de la part de forces extérieures. Pendant la Seconde Guerre mondiale, les bombardements américains, parmi lesquels les horribles et inhumaines attaques atomiques contre les populations civiles d'Hiroshima et de Nagasaki, ainsi que les incendies provoqués par les raids sur Tokyo, ont écrasé la plupart des grandes villes.

Vu ces traumatismes, les villes se sont renforcées telles des forteresses, et semblent préparées au pire, avec des centres profonds bien en dessous de la surface de la terre possédant des rues souterraines et une multitude de magasins. Comme pour fournir un abri où la vie pourrait continuer dans des lieux non naturels, et où tout est fait par l'homme, si cela s'avérait nécessaire.

Pour ne rien arranger, les catastrophes naturelles provoquent des ravages stupéfiants : le grand tremblement de terre de Kanto à Tokyo en 1923, le tremblement de terre de Kobe en 1995, le tremblement de terre de Tōhoku (Sendai) et le tsunami consécutif en 2011, ainsi que les nombreux incendies de Kyoto au cours des siècles. Historiquement, en raison d'une géographie rude, d'innombrables catastrophes horribles et imprévisibles ont eu lieu avec une sinistre régularité. Et c'est encore le cas aujourd'hui.

Les centres urbains du Japon sont remplis de hauts bâtiments en acier, en verre et en béton, conçus pour résister aux tremblements de terre et aux raz-de-marée, censés durer éternellement. Ils sont tout sauf arcadiens et donnent le sentiment de perdition. Cette sensation d'abandon, et de séparation d'avec le monde naturel, est aggravée par l'extraordinaire difficulté de se déplacer.

Comme Ted Bestor l'a constaté dans son ouvrage culte, *Neighborhood Tokyo*[32], les rues et les numéros d'immeubles sont dans le désordre. Les repères ne sont pas toujours logiques, les panneaux souvent absents. Il n'est pas rare de se retrouver à pied ou dans un taxi avec un autochtone, obligé de prendre son téléphone portable pour appeler la personne qui nous attend, et de devoir être guidés vers un endroit situé à seulement un ou deux pâtés de là.

Mais en même temps que ce chaos, cette négligence ou cette aliénation, il y a parmi les Japonais la conviction sereine et indéracinable que les êtres humains sont définis par la nature. On a le sentiment que nos angoisses et notre tristesse, notre difficulté à accepter la brièveté de la vie, sont dues au fait que nous avons perdu notre place dans l'ordre naturel des choses. Et qu'avec des efforts et de l'application, grâce à une pratique assidue, nous pouvons nous remettre d'aplomb, et trouver un certain bien-être en essayant de comprendre et d'accepter ce que la nature attend de nous.

L'expérience des traumatismes et les vives réactions industrialisées qu'ils suscitent, la façon dont de nombreux Japonais dans les villes sont coupés de la nature, renforcent le besoin de renouveler les liens traditionnels. Ceux-ci ont été endommagés ou perdus, et aujourd'hui les Japonais s'efforcent de les rétablir. La lutte ou la tension entre modernité et préservation des traditions définit, dans une large mesure, la culture nippone contemporaine.

Cette conception de la vie – qui vise à restaurer l'équilibre entre les avantages du monde moderne et la nature – est en réalité un phénomène *individuel*, en particulier au sein des pays privilégiés.

Combien de personnes ont renoncé aux films et séries en streaming, à l'iPhone, aux achats en ligne, à la réalité virtuelle ou à toutes ces choses merveilleuses qui rendent la vie tellement plus facile qu'elle ne l'était pour toutes les autres générations précédentes ?

Eh oui, je l'ai dit : plus facile.

À bien des égards, cela ne mérite pas d'être répété, mais au cas où il y aurait un doute, nombre d'entre nous effectuent en quelques minutes des tâches qui auparavant exigeaient des heures voire des jours, depuis le renouvellement du permis de conduire jusqu'à la location d'une voiture en passant par l'achat d'un pantalon. Ne pas avoir à courir dans les administrations et les magasins signifie que j'ai plus de temps pour faire ce qui me semble avoir plus de valeur. Je fais partie de ces personnes qui ne voient pas les inconvénients de la technologie, mais qui la considèrent plutôt comme une boîte à outils incroyablement utile pour résoudre les problèmes. Et, oui, d'accord, je passe trop de temps sur Internet, comme beaucoup, parce que, attendez, *vous avez vu ce qu'il vient de tweeter ?*

Quoi ?!

Mais je passe aussi de nombreuses semaines chaque année au cœur des montagnes, à observer les nuages, les vaches, les arbres et les oiseaux. Il est vraiment possible d'avoir les deux, et pourquoi pas après tout, si vous avez la chance d'avoir les deux ?

Les Japonais essaient de concilier croissance économique et adaptation aux attentes de la nature. Pour allier modernité et tradition, pour léguer une infrastructure économique aux générations futures tout en préservant et en vénérant la nature qui donne un sens et une valeur à la vie. Comment les Japonais parviennent-ils à cet équilibre, d'une manière unique au monde ? Dans les endroits où l'ancien et le nouveau se côtoient au Japon, cette tension entre passé et présent se ressent intensément. Cette sensation permet de prendre conscience et peut-être même de comprendre.

J'ai éprouvé une telle tension à Kyoto, ville bombardée environ cinq fois pendant la Seconde Guerre mondiale. Largement épargnée par les bombardements de l'armée de l'air américaine, une large partie de son architecture, de Gion à ses quartiers modernes, reste très traditionnelle ou désuète. En 2007, la ville a adopté une ordonnance limitant la hauteur des bâtiments à une dizaine d'étages et interdisant tous les panneaux publicitaires et les lumières clignotantes sur les toits. Des dizaines de sanctuaires et de temples anciens ponctuent toute la ville. De petits *ryokan* connus de tous se cachent au détour des rues et ruelles. De nombreux Japonais se promènent en kimono et en sabots de bois. On y trouve des maisons de thé, des boutiques de *soba* et des étals de tofu vieux de plusieurs siècles. Sur le marché en plein air de Nishiki, et tout autour, de nombreuses boutiques d'artisans vendent des objets en céramique laquée, des éventails et des tissus d'une qualité digne des œuvres d'art des musées. C'est facile d'imaginer à quoi pouvait ressembler Kyoto il y a un siècle.

Kyoto regorge également de bars à bière très tendance, de touristes et d'étudiants occidentaux, se targue d'une scène artistique contemporaine florissante, de bons restaurants italiens, de lignes de métro, de clubs de jazz et de grands magasins. L'hôtellerie de luxe y est en plein essor, des marques internationales ouvrant des boutiques dans ce que les brochures des agences de voyages appellent « la meilleure ville du monde ».

Les habitants craignent que Kyoto ne devienne la Venise ou la Barcelone nippone, une version « disneyfiée » de ce qui en fait un lieu remarquable. Aucun endroit n'est plus vibrant, et la collision de deux univers qui a lieu ici nous donne des indices à interpréter afin de parvenir à un certain degré de bien-être par l'acceptation de la nature.

En 2017, j'ai commencé à travailler avec Ken Yokoyama, l'ancien directeur général du Hyatt Regency de Kyoto, sur un projet passionnant : ouvrir les temples bouddhistes zen aux Occidentaux pour des séjours prolongés.

Ma tâche consistait à écrire au sujet des temples pour un nouveau site web. Un moine de chaque temple était chargé d'accueillir les visiteurs, de leur parler du concept du zen et d'enseigner la méditation. On m'a demandé d'interviewer ces hommes afin de raconter leur histoire et d'expliquer leurs croyances aux visiteurs potentiels.

Cinq propriétés ont été sélectionnées. Les quartiers où les moines vivaient autrefois ont été rénovés et disposent désormais de cuisines ultra-modernes entièrement équipées, de grandes chambres, de profondes baignoires en bois, de longs couloirs en parquet verni, d'immenses fenêtres et de murs lambrissés. Ces appartements donnaient sur des jardins privés aux arbres et arbustes bien entretenus, et certains étaient dotés de bassins où nageaient les carpes koïs et plongeaient les grues.

Les visiteurs avaient un accès privé aux temples de chaque site, des leçons quotidiennes de méditation *zazen* avec un moine et la possibilité d'apprendre en direct les rituels associés à un mode de vie fondé sur l'acceptation de l'éphémère.

C'était très intimidant de passer une heure ou deux avec chaque moine. Je m'étais largement documenté sur le bouddhisme zen dans les mois précédant cette mission, afin de me préparer aux entretiens, mais une fois que je me trouvais face à face avec les moines, la tâche qui m'attendait était effrayante. Je ne voulais pas passer pour un idiot : irrévérencieux, ignorant, irrespectueux.

Je suis probablement passé pour un idiot. Mais peut-être moins idiot que je ne l'aurais été si je n'avais pas été conscient de ne pas vouloir passer pour un idiot. Je ne savais pas trop quoi demander, alors je commençais par remercier le moine pour le temps perdu avec moi, puis je posais des questions très ouvertes : Depuis combien de temps vivez-vous ici ? Comment se passe votre journée type ? Quand avez-vous décidé de devenir moine ?

Une fois le lien entre nous établi, les échanges se détendaient et tournaient davantage à la conversation, les moines me confiaient des choses personnelles.

L'un d'eux avait vécu en Californie pendant des décennies, travaillant comme investisseur immobilier et entrepreneur dans la restauration. Il était retourné à Kyoto pour accepter le poste de moine supérieur dans un temple, à la mort de son père, qui avait tenu ce rôle. Cet homme était un formidable mélange de charme et de décontraction à la californienne et de spiritualité japonaise.

Un moine a dit qu'il n'avait pas quitté l'enceinte du temple depuis des dizaines d'années. Un autre travaillait avec son fils à la préparation des repas pour les invités étrangers, en s'appuyant sur d'anciens préceptes. Un quatrième moine m'a montré un livre écrit par un professeur de l'université de Columbia, et qui relatait ses enseignements. Le cinquième moine parlait beaucoup en paraboles et avait un grand sens de l'humour.

Chacun parlait longuement, très lentement, et je prenais des notes. Habituellement, nous commencions les entretiens sur un *tatami*, sans chaussures, assis sur nos talons, une posture difficile qui me donnait des crampes aux deux chevilles. N'ayant jamais eu l'habitude de m'asseoir comme ça de toute ma vie, je finissais par me mettre en tailleur et je me frottais les chevilles jusqu'à ce que la douleur disparaisse.

Nous buvions du thé vert. Après nos entretiens, les moines me montraient les jardins, les reliquaires et l'intérieur du temple.

Même si les hommes étaient d'âge moyen ou mûr, chacun d'eux se déplaçait avec détermination, adresse et agilité, rappelant l'athlétisme. Et puis, quand ils s'asseyaient, ils restaient *vraiment immobiles. Parfaitement* immobiles. Ils restaient assis sans bouger un seul muscle. Dans leurs mouvements et leur immobilité, le niveau de maîtrise de soi et de concentration était inédit pour moi et ne ressemblait à rien de ce que j'avais pu observer auparavant.

Lorsqu'ils parlaient, c'était avec une concision précise, comme si chaque mot dérangeait les bruits naturels qui nous entouraient. Les mots perturbaient également le lien tacite que nous essayions d'établir entre nous.

Ce n'est pas qu'ils en savaient plus sur la vie. De leur point de vue, du point de vue du zen, ils en savaient *moins* : tout dans leur manière d'être suggérait qu'analyser quoi que ce soit serait une erreur. Il était préférable d'accepter la nature, d'en faire partie, de découvrir ce que la nature attendait de nous plutôt que d'essayer de s'imposer. Et ce processus commençait (et se terminait) par le lâcher-prise.

« Vous devez libérer votre esprit », m'a dit Shodo Egami, le moine du temple Shinnyoji. C'était le drôle de type qui parlait en paraboles. « Pour ne pas avoir d'esprit. Pour ressentir. »

Ce concept, sans parler du mode de vie qu'il impliquait pour les moines, m'était complètement étranger. Pourtant, au fil des quelques jours passés au temple où Ken m'avait assigné, il a grandi en moi, et très lentement, je me suis senti moins intimidé par ces hommes saints.

Ken, que je connais depuis près de vingt ans, a un sens de l'irrévérence ironique cultivé par son travail de longue date en Australie et avec les Occidentaux, ce qui m'a rendu la tâche plus aisée. Ça, et le fait qu'il soit diplômé en littérature américaine. Il m'a confié que son écrivain préféré était Mark Twain et son livre préféré *Les Aventures de Huckleberry Finn*.

Après une journé de travail au temple, nous débriefions autour d'un steak et de bon vin rouge français :

« C'est ce qu'Egami-san t'a dit ? » a demandé Ken entre deux bouchées. Il a un très large sourire, et avec sa tête rasée, il ressemble à un Bouddha qui a fait un régime. « Vraiment ? Et tu as gobé ça ?

– Eh bien, oui, Ken, pourquoi ? C'est un genre de test ? » J'ai ri. « Tu ne prends pas ces gars au sérieux ? Je veux dire, c'est toi qui me dis toujours combien les traditions bouddhistes sont importantes pour toi et ta famille. Et que tu veux préserver les traditions préoccidentales du Japon. Alors, que dois-je croire ?

– Un peu les deux », a-t-il dit. Il a souri. « Ne prends pas trop ça au sérieux.

– Ça, quoi ?

– Tout ça, dit-il.

– Alors tu ne crois pas ce que disent les moines ? »

Il a juste secoué la tête comme un vieil ami qui se moque d'un énième Occidental cherchant l'illumination à tous les mauvais endroits.

« *Sumimasen* ! » s'est écrié Ken pour attirer l'attention d'un serveur qui a accouru à notre table comme s'il s'agissait d'une urgence. « Plus de vin, *Onegaishimasu.*[33]

– Je ne parle pas de croyance », a-t-il dit, alors que nous buvions plus de vin. Ken est un connaisseur. « Les moines vivent bien. Vis bien, toi aussi. Pourquoi pas ? »

Chaque matin, je me réveillais dans ce qui avait été autrefois les appartements des moines du temple Kouunji. Un des murs de ma chambre était une immense porte coulissante ouvrant sur un jardin, et au bout du couloir se trouvait une baignoire carrée en cèdre que je remplissais d'eau chaude pour prendre un long bain. Ensuite, je me rendais dans un jardin adjacent à la cuisine de la propriété et restais là un moment à boire un café, écoutant la brise soufflant dans la forêt sur les collines autour de nous.

Avant de voir Ken et de rencontrer un moine pour l'entretien du jour, je me promenais souvent sur le célèbre *Tetsugaku no Michi* (Chemin de la philosophie) le long du canal de Biwa, à quelques mètres de là. Le chemin menait jusqu'à des temples bouddhistes zen et des sanctuaires shintoïstes. Des pruniers et des cerisiers bordaient le canal. C'était en février : les pruniers étaient en fleurs. D'immenses chênes anciens aux longues branches se dressaient sur les terrains shintoïstes ; les temples zen avaient eux des jardins entretenus.

Tout cela avait un sens. Une façon d'observer, certes, mais aussi d'éprouver du bien-être. Je ne me sentais pas si seul, même si *j'étais* seul. Ma femme et mes enfants étaient aux États-Unis. Et ce qui était bizarre, vraiment bizarre, c'est que le soir, quand j'allais voir des amis japonais en ville, pour boire un verre et déguster des *yakitori*, c'était *là* que je me *sentais* seul, c'était *là* que la solitude et la tristesse m'envahissaient comme une mauvaise habitude, en prenant leurs aises. Je me sentais plus seul au milieu de mes amis qu'au milieu de la nature.

Avoir la chance de voir et de sentir la vie dans l'enceinte d'un temple zen, de marcher sur un chemin menant aux sanctuaires shintoïstes et à d'autres sites sacrés, me sentir merveilleusement insignifiant. Ce que je ressentais et pensais, à l'instant présent, importait moins que ce que je voyais autour de moi. C'était rassurant de savoir que la nature me définissait plutôt que tout ce que je pouvais accomplir, et libérateur dans le sens où j'étais libre d'observer sans avoir aucun pouvoir. D'essayer d'accepter mon impuissance.

J'ai beaucoup réfléchi à ce que Ken m'a dit. Ça m'a rappelé un après-midi d'hiver avec mon ami Takeshi quelques années auparavant. Il nous avait conduits à un étang près de rizières, à quelques kilomètres de son appartement à Niigata, pour observer les oiseaux migrateurs. J'avais commencé à lui raconter un *koan* zen qui semblait convenir au contexte, et il avait ri lui aussi.

« Oh non !

– Quoi ? ai-je demandé.

– Un Occidental qui me raconte un *koan* zen ?! Non ! s'est-il exclamé en riant. Non, je vous en prie, pas un *koan* zen !

– Très bien, d'accord, ai-je dit.

– Bien.

– Alors, c'est un fils qui demande à son père, célèbre voleur, comment entrer par effraction dans une maison… »

Takeshi m'a laissé lui raconter le *koan* – c'est un ami aussi tolérant que ça, oui – mais il avait fait valoir son point de vue, tout comme Ken. La sagesse bouddhiste est une orientation à part entière, une totalité, une manière de voir, et c'est la nature qui lui a donné sa légitimité. Ce n'était pas un ensemble de commandements, il n'y avait pas vraiment d'évangile, les gens n'avaient pas de petites icônes de Bouddha en pendentif au bout de chaînes autour du cou. Ce que les moines disaient était télégraphique, c'est-à-dire : trouvez votre position dans la nature, changez de vie et découvrez où vous est votre place.

Oui, l'industrialisation et la pression à passer toujours plus de temps au bureau sont terribles. C'est pourquoi être dans la nature gagne toujours plus en valeur. Plus vous faites l'expérience de cette valeur, moins il vous semble important de vous en éloigner. Et c'est très spécifique : la brièveté de la nature, son indifférence à votre égard, la façon dont les choses se passent comme si vous n'étiez pas là, comme si vous n'aviez pas d'importance.

Bon, vous n'avez pas d'importance, aucun d'entre nous n'en a, et curieusement cela implique beaucoup moins de stress

– ce que vous *faites* doit être en accord avec la nature, et non avec votre *idée* de son importance. Ce n'est pas à vous de décider. Bientôt, aucun d'entre nous ne sera plus là.

Et à mesure que j'intégrais ces pensées nées des manières japonaises de voir la nature, les frustrations et les ennuis de la vie quotidienne me paraissaient beaucoup moins importants.

Si nous allons au-delà de l'identité basée sur l'épanouissement personnel, et que nous voyons comment la nature détermine notre existence, nous gagnons de nouvelles perspectives sur ce qui crée le bonheur.

Ken avait raison : « Ne prends pas ça trop au sérieux. »

Afin de diminuer l'effet de la solitude, des longues heures de travail, de la dégradation de l'environnement, de la conscience d'être coupé de la nature que ces expériences entraînent, il est nécessaire – et heureux – de trouver la paix de l'esprit au milieu de la nature.

La plupart des Japonais n'ont pas la chance de vivre une retraite dans un temple zen, de passer la matinée au jardin ou de se promener chaque jour dans des sanctuaires shintoïstes. Mais les informations associées à chacune de ces activités sont ancrées dans la conscience nippone.

J'ai emporté ces expériences avec moi, et je m'en suis imprégné autant que possible ici aux États-Unis. Même dans un parking en ville, je vois de l'herbe haute et sauvage avec plus de clarté – la résilience de la nature. Ou lors d'une promenade avec mon bouvier bernois, Beau, à l'aube, bien avant que mon quartier ne s'éveille, les cris des geais bleus et du faucon ravisseur, les lapins qui bondissent pour se mettre à l'abri, tout cela vit plus de temps qu'auparavant dans mes pensées. Je trouve qu'il est plus facile et paradoxalement plus relaxant de s'inquiéter pour la proie et de sentir la tristesse du changement de couleur du cardinal au fil des saisons que de penser à moi-même.

Ces événements naturels ont plus d'importance et, bien que je ne les aie pas encore intégrés à ma conscience, et qu'ils ne fassent pas encore partie de mon identité, je m'efforce de créer et de développer une manière de me voir comme faisant partie de la nature, dans la plus pure tradition nippone.

Ce qui pour moi est une expérience culturelle est pour les Japonais un mode de vie. Que les Japonais se trouvent dans une *rave party*, ou qu'ils soient coincés au bureau après minuit, tellement épuisés qu'ils risquent de s'effondrer, flotte toujours cette sensation que quelque chose ne va pas : le monde industrialisé n'a pas toutes les réponses, et avant que le Japon ne choisisse de se moderniser pour éviter la colonisation par l'Occident, il s'est défini par l'attachement à la nature. Cette prise de conscience se traduit par des activités qui se perpétuent encore aujourd'hui dans les foyers et la vie ordinaire.

Même si la plupart des Japonais ne pratiquent pas quotidiennement les religions bouddhiste, zen ou shintoïste, beaucoup d'entre eux font des pèlerinages aux temples et aux sanctuaires chaque année ou à chaque saison. Prenez donc le temps, là où vous vivez, de marquer les saisons dans des lieux qui leur donnent vie et vous donnent le sentiment de faire partie du monde. Que ce soit en regardant les feuilles tomber en Nouvelle-Angleterre, en allant au musée Cloisters à New York ou en vous promenant dans un parc, allez dehors et ne faites rien d'autre qu'accueillir la nature. Comment vous intégrez-vous dans ce que vous voyez ? Quel est votre rôle dans tout cela ?

Santés mentale et physique sont si étroitement liées à l'expérience quotidienne de la nature que des activités municipales officielles encadrent cette pratique. Donc, si vous ne parvenez pas à créer vous-même cette expérience de la nature, les responsables des infrastructures publiques vous créent des occasions.

Jane Brody, journaliste au *New York Times*, a déclaré : « En partenariat avec l'Association nationale des parcs publics et loisirs, et l'association d'urbanisme Urban Land Institute, la fondation Trust for Public Land a lancé une initiative remarquable susceptible d'offrir des avantages similaires à ceux de Minneapolis à chaque habitant du pays : l'accès à "un parc de haute qualité à dix minutes ou à moins d'un kilomètre à pied de chez soi." »

L'idée est de mettre en place des centres naturels au cœur des quartiers urbains, où les gens peuvent se détendre et observer la nature. L'idée fait son chemin : Brody a écrit que plus de deux cent vingt maires soutiennent le projet, « qui a le potentiel nécessaire pour faire autant voire plus pour la santé physique et mentale de la nation que toutes les lois que le Congrès pourrait adopter ». Les avantages de faire l'expérience de la nature sont mis en avant pour justifier le développement de l'initiative : « Une promenade à pied de dix minutes peut améliorer la condition physique, réduire le risque de maladies chroniques et améliorer les fonctions cérébrales, comme l'acquisition de nouvelles connaissances et la mémoire. »

Le Dr Hanaa Hamdi, directeur de la santé publique de la fondation Trust for Public Land, rend tout cela si attrayant que je me demande pourquoi les entreprises, les hôpitaux psychiatriques et les communautés ne font pas de la vie en plein air une composante de leur programme. Selon l'article du Dr Hamdi, « les recherches ont montré que les espaces verts communautaires peuvent réduire les crimes violents, le stress et l'isolement social, en particulier chez les personnes âgées, tout en améliorant la concentration des enfants souffrant de troubles de l'attention, en favorisant la relaxation et en améliorant l'estime de soi et la résilience ».

En fait, l'égalité des revenus entre hommes et femmes, l'accès à un bon système de santé, une éducation équitable et diversifiée et un logement sûr jouent probablement un rôle plus important dans chacun de ces domaines que les arbres. Mais il ne fait aucun doute qu'être dans la nature est à la fois apaisant et réparateur, à tel point que cela peut donner aux gens l'énergie, le bien-être et le recul nécessaires pour changer les causes de leur stress.

Lorsque vous êtes dans la nature, essayez de ne pas parler du travail, de ce qui s'est mal passé ou de ce qui vous attend à l'avenir. Observez ce qui vous entoure aussi silencieusement que possible. L'historien Theodore Roszak appelle cette méthode « l'écopsychologie » : il s'agit de laisser la nature dicter les termes, de créer des expériences qui mettent les individus au contact direct de la nature sans que rien ni personne en interprète le sens.

Les Japonais sont très doués pour concevoir des jardins, et si vous en êtes capable, mettez-vous aussi au jardinage.

Le mouvement des jardins urbains se développe de jour en jour aux États-Unis. Dans les grandes villes du pays, des parcelles de terrain sont mises à la disposition des gens pour qu'ils puissent cultiver des fruits et légumes. Les mains sales, le corps près de la terre, vous pourriez commencer à repenser vos priorités.

Commencez tôt.

Alice Waters, avec son programme « *Edible Schoolyard** » a prouvé que les enfants aiment manger ce qu'ils cultivent, et que le fait de se trouver en plein air et de manger des aliments sains est bénéfique pour leur bien-être émotionnel. Et c'est tout particulièrement gratifiant de prendre soin de quelque chose qui dépend de nous pour survivre. C'est formidable d'apprendre aux

* Cour d'école comestible (N.D.L.T.).

enfants que l'empathie fait partie de leur instruction scolaire. Peut-être que cela réduira l'égoïsme ; après tout, Ayn Rand n'a jamais écrit *Le Livre du jardinage*.

Adapter l'amour unique des Japonais pour les jardins au mode de vie à l'américaine ouvre la porte à un plus grand bien-être. Je ne dis pas que l'art de l'arrangement floral va devenir populaire ici, mais l'attention, la précision et la lenteur de cette activité associée au fait d'être au milieu de la nature sont de véritables méthodes pour calmer ses nerfs.

Les Japonais possèdent également vingt-quatre saisons très courtes, appelées *sekki*, certaines d'entre elles ne durant que quelques jours. En raison de leur brièveté, l'observateur doit être très attentif, sous peine de les rater. Il y a des périodes comme *keichitsu*, où les insectes se réveillent de leur hivernation. *Shoshu*, quand la chaleur de la mer est oubliée. *Kokuu*, le début des pluies de printemps nécessaires pour commencer les plantations.

Prenez le temps de faire une activité au contact de la nature – n'importe quoi – qui implique d'interagir avec ce que vous voyez et entendez : observez les oiseaux et apprenez leurs cris, ou familiarisez-vous avec les différents arbres de votre quartier. Laissez la nature faire partie de votre vocabulaire, et vous découvrirez que la voix humaine n'est qu'une source de stimulation parmi d'autres, et loin d'être la plus puissante.

Si, pour de bonnes raisons, vous ne pouvez pas sortir de chez vous ou vous éloigner de votre lieu de travail, vous pouvez toujours vivre et ressentir la nature de près.

J'adore des livres comme *La Vie secrète des arbres*, *La Vie secrète des animaux* ou *Les Émotions cachées des plantes*. Oui, les auteurs de ce genre de livres semblent créer des vies intérieures pour des créatures et inventer ce qui peut-être n'existe pas, mais au moins en lisant je ressens, et vous aussi peut-être, un lien avec le monde naturel basé sur des observations passionnées et aimantes.

J'ai également trouvé sur YouTube un tas de vidéos d'orages et de forêts tropicales, et il suffit d'écouter quinze ou vingt minutes d'une averse pour que l'atmosphère à la maison ou au travail semble rincée, lavée.

Ce n'est pas simplement une impression personnelle. Le Dr Oliver Sacks, neurologue et écrivain de renom, a écrit dans son livre *Chaque chose à sa place* : « Il est clair que la nature fait résonner quelque chose de très profond en nous. Le rôle que la nature joue dans la santé et la guérison devient encore plus crucial pour les personnes qui travaillent de longues journées dans des bureaux sans fenêtres, pour celles qui vivent dans des quartiers urbains sans accès à des espaces verts, pour les enfants dans les écoles en ville ou pour les gens résidant dans des établissements institutionnels tels que les maisons de retraite. Les effets de la nature sur la santé sont non seulement spirituels et émotionnels, mais aussi physiques et neurologiques. »*

Faire partie de la nature : voici notre objectif, en nous attachant aux grandes choses, comme les principales saisons, et aux minuscules changements progressifs. Si vous êtes attentif chaque jour, chaque heure, à ce qui se passe autour de vous, vous n'aurez tout simplement plus autant de temps pour tout ce qui vous rend malheureux ou dingue. Mais ne vous inquiétez pas ! Vous aurez encore du temps. Vous n'aurez simplement plus *autant* de temps.

* Traduit par Christian Clerc, éditions Christian Bourgeois, Paris, 2020.

Chapitre 7

LE SILENCE

Tout se passe comme si un policier américain avait lu ses droits à la nation nippone tout entière : « Vous avez le droit de garder le silence. Tout ce que vous direz pourra être retenu contre vous devant une cour de justice... »

Au Japon, le silence est une facette de la personnalité nationale, et fait tellement partie de la culture que ses usages ou mésusages définissent dans une large mesure les liens entre les gens, dans la sphère privée comme professionnelle.

Le silence en tant que valeur culturelle remonte à plusieurs siècles. Consultez donc les écrits de Kenkō, dont j'ai déjà parlé précédemment : « Pouvez-vous imaginer un homme bien élevé parlant avec l'autorité d'un je-sais-tout, même sur un sujet qui lui est bien familier ? Le rustre qui surgit du fin fond de l'arrière-pays répond aux questions avec un air de totale autorité dans tous les domaines. [...] Ce qui est impressionnant, c'est quand un homme est toujours lent à parler, même sur des sujets qu'il connaît en détail, et qu'il ne parle pas du tout, sauf si on lui pose une question. »

Et pourtant, si le silence, la circonspection, la communication non verbale qui passe par la posture et les expressions du visage, etc. ont des avantages, ils présentent aussi des inconvénients.

Et si vous dites ce qu'il ne faut pas dire ? Et qu'est-ce qu'il ne faut pas dire ? Comment le savoir ? Et si vous aviez mal interprété l'ambiance ? En comprenant mal l'autre personne, vous lui avez carrément manqué de respect. Non seulement vous l'avez offensée, mais vous vous êtes montré si égocentrique que vous n'avez pas su saisir ce que les autres pensent. Vous n'avez peut-être pas votre place dans ce groupe. Vous devriez avoir honte de vous.

Mieux vaut ne rien dire !

En tant qu'étranger, et homme adulte occidental, je ne saisis pas ces subtilités quand je parle ou fais quelque chose qui ne colle pas avec la culture. Oh, bien sûr, si j'étais grossier, ou tyrannique, ou le genre d'individu qui estime que sa maison est située dans le plus grand pays du monde, eh bien, alors, oui, il y aurait des problèmes.

Mais je ne suis pas comme ça.

Mon truc, c'est d'essayer d'être comme tout le monde dans un nouvel endroit : de bouger comme les gens autour de moi, d'adopter leurs expressions, voire de prendre le rythme de leur discours. Je suis vraiment passif au Japon, j'essaie de laisser les choses se faire et de m'abandonner à la situation, à celui qui prend les choses en main.

Et, comme je l'ai dit, mes amis là-bas m'ont beaucoup appris et continuent à le faire, depuis de nombreuses années.

Les Japonais ont bien remarqué mon éventail de comportements adaptatifs et ils trouvent souvent mes efforts très amusants. Les critiques qu'ils se portent les uns aux autres en cas de non-conformité au groupe ne s'appliquent généralement pas à moi. En tant qu'étranger qui se tient bien, ou qui du moins essaie, parfois de manière assez comique, j'ai la chance de pouvoir observer et participer. Assez ironiquement, comme je ne suis pas considéré comme l'un d'entre eux, ne faisant pas partie du groupe, on n'attend pas de moi un comportement invariablement approprié comme les autres. Il faut m'enseigner, me tolérer ou m'ignorer.

En tout cas, il est rare qu'une personne là-bas se montre méchante avec moi. J'obéis aux règles : ne pas parler dans le train, ne pas faire de bruit, ne pas garder mes chaussures sur des *tatamis*, me laver avant d'aller dans les sources chaudes, écouter et observer au lieu de donner mon avis, ne pas poser beaucoup de questions, dire souvent « s'il vous plaît », « merci », « excusez-moi », ne pas montrer trop d'émotion, rester immobile, etc.

J'aime particulièrement le silence et la manière dont il est utilisé pour communiquer bien plus que des mots[34].

Le Japon a beaucoup à nous apprendre sur le *choix* de rester silencieux, en particulier face à l'adversité, nous prouvant ainsi que c'est une forme d'acceptation. Le silence peut et doit être une position prise pour observer, écouter et définir une intimité. Le silence est également un moyen d'établir une autorité sociale par la réserve et la maîtrise de soi, de montrer que vous n'avez pas besoin de réagir à une provocation. C'est aussi un signe que vous préférez réfléchir plutôt que de vous fier à vos émotions pour prendre des décisions.

Faites-moi confiance : j'ai grandi dans une famille où l'émotion était une monnaie d'échange. À l'époque, j'aurais préféré être fauché.

Nous avons ici les bruits du silence, des nuits silencieuses et des ébats amoureux silencieux. *Choisir* de se taire, ce n'est pas du tout être *réduit* au silence, et c'est bien mieux. Le silence s'accompagne d'un désir et d'un effort d'accepter l'humeur de l'autre, de comprendre ses pensées et ses sentiments et d'essayer de prêter autant d'attention à ses besoins qu'aux vôtres.

Dans le meilleur des cas, ce type de silence illustre le mode de relation à la japonaise et constitue une forme suprême d'acceptation. Vous ne jugez ni ne critiquez les autres ; vous compatissez en silence avec eux, vous essayez de ressentir ce qu'ils ressentent et de penser ce qu'ils pensent. On revient à l'une des définitions de l'*ukeireru* : « Utilisé par une mère parlant à son enfant pour lui faire accepter quelque chose en douceur. » Un parent tient son enfant, le silence de leur étreinte.

Quand mon fils et ma fille étaient petits, il y avait des moments où les tenir dans les bras – sans vraiment parler, juste en sentant leur chaleur – était la plus belle forme d'acceptation. Souvent, les trois jours de la semaine où je m'occupais d'eux, ma femme partait au travail alors que nous étions tous les trois blottis l'un contre l'autre, un imagier ouvert devant nous, et dont je tournais les pages pour la milliardième fois. Et les trois jours où je partais au travail, je rentrais à la maison et ils étaient souvent là tous les trois en train de colorier en silence à l'endroit même où nous avions lu le livre.

Et puis aussi, quand on est dans la nature, accepter la majesté de ce que l'on voit nous rapproche de ce qui nous entoure. Si vous êtes occupé à parler et donner votre avis, vous ne pouvez pas vraiment voir et absorber ce qu'il y a tout autour.

En tant que psychologue, je travaille uniquement avec des patients issus de quartiers où la pauvreté urbaine est très répandue, tels que Roxbury, Mattapan, Dorchester. Je m'entretiens avec eux pour essayer de comprendre qui ils sont, ce qui les a façonnés, leurs résiliences et leurs peurs, ce qui fait obstacle à leur bien-être et ce qui les porte. Une large partie de ce qui se passe entre nous tient de la communication non verbale. Ce n'est pas que les mots nous manquent, mais plutôt qu'ils sont bien loin de saisir tout ce que nous avons en commun. Souvent, nous ne partageons pas le même sexe, le même âge ni la même race, n'avons pas eu la même éducation ou les mêmes chances, et ne venons pas de la même classe économique. Par conséquent, nous n'avons pas les mêmes mots pour décrire notre vie.

Les mots viennent en plus de l'interaction non verbale, mais n'en sont pas le cœur. Les mots peuvent également véhiculer des préjugés, des jugements et des opinions, nous le savons tous, et les malentendus apparaissent comme autant de briques d'un mur. Mieux vaut ne pas ériger de murs, mieux vaut parfois se lier à l'autre par des gestes nuancés. Nous pouvons essayer d'établir un lien entre nous lorsque nous écoutons en silence et que nous observons la posture, l'expression du visage et l'intonation de la voix.

C'est un phénomène bien connu, documenté par des psychologues, parmi lesquels Albert Mehrabian, qui écrit dans son livre *Nonverbal Communication** que l'intonation de la voix et l'expression du visage sont essentielles à l'interaction sociale. Il explique ainsi que « le langage corporel représente 55 % de la communication, l'intonation 38 % et les mots réellement prononcés seulement 7 % ». Bon, peut-être que ça ne se passe pas comme ça tout le temps, que l'équilibre dépend de la personne avec qui vous êtes et de la situation, mais il est difficile de ne pas être d'accord avec cette idée fondamentale : il se passe entre les gens beaucoup plus que ce qui est exprimé à voix haute.

Au Japon, il peut être considéré comme impoli de devoir recourir aux mots pour communiquer des désirs ou des soucis. Vous qui écoutez, vous êtes censé ressentir et penser si puissamment ce que les autres ressentent et pensent, que les mots en deviennent superflus. Si les autres se trouvent contraints de verbaliser ce qu'ils pensent ou ressentent, c'est que vous ne les écoutez pas et que vous ne parvenez pas à accepter qui ils sont. *Aun no kokyu*, comme l'a dit Yamakuse, « respirer en harmonie ».

La nature tacite de l'interaction sociale crée des mondes cachés. Les relations entre amis et amants sont composées de

* Non traduit en français (N.D.L.T.).

bulles qu'eux seuls peuvent voir et sentir. Elles sont fondées et protégées par le silence. Comme le note Jun'ichirō Tanizaki, grand romancier japonais, dans son merveilleux essai *Éloge de l'ombre* : « En fait, la beauté d'une pièce d'habitation japonaise, produite uniquement par un jeu sur le degré d'opacité de l'ombre, se passe de tout accessoire. »*

J'ai vécu cela d'innombrables fois au Japon, ce plaisir des choses juste esquissées, et la sensation est alors si intense qu'il dure des années. On perd la conscience de soi tout en acceptant l'autre, et cette perte est libératrice. Il faut aussi se concentrer sur ce que l'autre essaie de dire sans qu'il ait besoin de le dire. Cela demande une immense concentration, qui fait alors partie intégrante de la relation. On finit par penser beaucoup aux autres et moins à soi-même.

Une large partie de ce qui me rend malheureux, me fait peur ou me déçoit est causée par une vision irréaliste développée par l'égoïsme. J'ai un fantasme ou une idée, un ensemble d'attentes, en rapport avec mes besoins et mes perceptions. Souvent, ces besoins n'ont rien ou presque à voir avec la personne qui me fait souffrir. À partir du moment où je comprends que ce sont mes fantasmes, mes idées et mes attentes qui doivent changer – et non l'autre personne – je plonge dans un état de relaxation inhabituel que j'essaie de provoquer autant que possible dans mes relations.

Je prends conscience que c'est mon égoïsme qui entraîne la souffrance, plutôt que l'autre. Je me rends compte qu'apprécier toute l'intimité du silence partagé avec un autre être humain suffit souvent. Après tout, combien y a-t-il de personnes dans notre vie avec qui nous pouvons nous asseoir en silence, et dont

* Traduit par René Sieffert, pour l'édition des Publications orientalistes de France, 1977 (N.D.L.T.).

nous aimons tellement la compagnie que les mots ne sont pas nécessaires ?

Il en va de même lorsque l'on est en public. Beaucoup d'entre nous se sont déjà retrouvés assis à bord d'un avion, à côté de gens qui racontent leur vie avant même d'atteindre l'altitude de croisière. Sans vouloir vous manquer de respect, mais...

Ce n'est pas ainsi que ça se passe au Japon. Lorsque les gens se réunissent, dans un cadre professionnel ou social, les questions ne sont pas posées à la va-vite. J'ai découvert cela en travaillant au Japon et en interviewant toutes sortes de gens.

Posez une question.

Attendez la réponse.

N'interrompez pas.

Ne donnez pas votre avis.

N'approuvez pas, ne désapprouvez pas.

Ne partagez pas une expérience personnelle similaire à celle de la personne qui parle. Contentez-vous d'écouter.

Attendez.

Rester assis en silence offre la possibilité de voir la situation du point de vue de l'autre. Ainsi, l'humeur entre vous et votre interlocuteur, ce que vous ressentez en observant, devient centrale. Vous avez tous deux des objectifs en tête, mais bien avant de vous y intéresser, vous posez les bases d'une acceptation silencieuse de l'autre. Ce type d'acceptation permet d'envisager la réalisation d'un objectif comme un événement inévitable, et plus comme une épreuve.

C'est plus important que vous soyez compris et respectés tous les deux plutôt que l'un de vous deux gagne en pouvoir. C'est ce que le silence offre à son apogée : le respect de ceux qui vous entourent.

Que vous soyez sur un trottoir animé à Nihonbashi ou dans un restaurant bondé, le niveau sonore ambiant est au minimum.

Impossible d'espionner des messes basses. Il n'y a pratiquement aucun musicien de rue. Pas de cris dans les téléphones portables. Pas de bonjour crié à travers la rue entre amis.

Le respect se traduit par des gestes. Des hommes d'affaires qui s'inclinent les uns devant les autres après une réunion réussie. Un chef cuisinier devant son restaurant saluant les clients jusqu'à ce qu'ils disparaissent de sa vue. On ne voit ni beaucoup d'étreintes ou de baisers, ni de mains entrelacées, mais l'affection se manifeste dans les pas synchronisés d'un jeune couple qui pourrait bien être amoureux.

Et quand on entend des bruits forts, il s'agit des cliquetis des roulements à billes en métal à l'intérieur des flippers colorés des salons de *pachinko*. Des porte-voix retentissants sur les camionnettes des candidats politiques criant que le Japon va se relever. Des haut-parleurs attachés aux portes des magasins discount : *Bonnes affaires ! Soldes ! Promotions !* Même à l'intérieur de l'immense et chaotique gare de Shinjuku à Tokyo, où plus d'un million de banlieusards transitent chaque jour, on perçoit surtout le bruit des pas, des talons hauts et des chaussures noires à lacets, des gens qui courent pour attraper leur train, plutôt que celui de voix fortes.

Dans un tel contexte, les individus se trouvent diminués. L'environnement les engloutit. Votre identité importe moins que l'endroit où vous vous trouvez, et vos opinions ne comptent pas autant que l'environnement. Contrairement à une ville américaine, dans laquelle ce que vous dites définit en partie l'endroit où vous êtes, l'environnement urbain au Japon vous définit. Être respectueux signifie faire partie de son environnement, ne pas utiliser sa voix pour se différencier ou se démarquer. Cette manière d'être a un effet apaisant et inclusif.

Les Japonais résistent à la pression en faisant preuve de respect. Bon, ne vous mettez pas en travers de la route d'un salarié en retard à son rendez-vous alors qu'il court vers le train. Et gardez vos mains pour vous. Mais le plus souvent, le respect des autres est une évidence au Japon, entre amis, collègues et inconnus, et ces manifestations physiques et silencieuses sont au cœur de la vie civique.

C'est une façon de montrer qu'on accepte les autres. Le silence crée l'unité, et symbolise un effort harmonieux et généralisé visant à s'assurer que ce qui vous préoccupe n'affecte personne d'autre. Comme les Japonais participent à ce mode de vie muet, des groupes se forment dans lesquels on est plus ou moins accepté, et où chacun considère que les autres partagent les mêmes pensées et des sentiments.

Évidemment, tout le monde sait que ce n'est pas toujours le cas : la culture nippone est tout sauf naïve – la sophistication émotionnelle, c'est comme de l'algèbre avancée. Mais pourquoi parler et agir d'une manière qui risque de diviser les normes du groupe ? C'est en partie pour cela que ce qui ne se dit pas au Japon est souvent plus important que ce qui se dit.

Les démonstrations de respect sont sérieuses et profondes. De l'empathie est partagée. Peu importe (en cet instant) que vous soyez d'accord ou non avec ce qui vous entoure ou avec qui vous vous trouvez. Ce qui compte, c'est l'acceptation silencieuse : tout ce qui vous côtoie a le droit d'être là, et ce droit est garanti et protégé par votre attitude respectueuse.

La pratique du respect, de l'empathie et de l'acceptation du monde autour commence par ce que vous ressentez et pensez de vous-même. Si vous êtes malheureux, apeuré et en colère, bonne chance pour respecter les autres !

En modifiant les conditions ambiantes, on peut se libérer de la haine de soi. L'effort en vaut la chandelle. En acceptant qui et ce qui vous entoure, vous avez la possibilité de créer un meilleur environnement qui, à son tour, peut modeler qui vous êtes et ce que vous ressentez. Ce type d'acceptation est un moyen très subtil et efficace de vivre un changement personnel.

Le Japon est loin de pratiquer l'acceptation sur les lieux de travail et au sein des communautés. Mais dans la vie quotidienne, les règles du discours social, la façon dont les gens se traitent généralement les uns les autres à la maison et en public, sont autant de leçons précieuses qui nous montrent comment nous pourrions adapter ce type de respect à notre vie plurielle et si dynamique ici.

Encore une fois, je prône le mélange des cultures américaine et japonaise, en reconnaissant que le tout est plus grand que la somme des parties. Appliquer les comportements respectueux du Japon à nos vies, au socle américain de la spontanéité et de la diversité de la pensée, ouvre le champ des possibles.

C'est pourquoi être respectueux des autres n'est pas seulement empathique, c'est aussi un moyen de réduire son stress *intérieur*. Si vous avancez dans la vie en acceptant l'adversité grâce au respect montré aux autres et à la situation, vous pouvez poser des bases pour vous-même qui, pour le moins, préserveront votre dignité.

Et cet effort vers la dignité, c'est ce que le respect représente au Japon.

Dans la vie, les gens vous bousculent et sont impolis, mais cela ne veut pas dire que vous devez faire pareil. Et en montrant au monde votre meilleur visage, vous signalez que vous attendez des autres qu'ils vous traitent avec respect. Écoutez, je sais que ça ne marche pas toujours et, bien sûr, nos émotions prennent souvent le dessus, mais se comporter avec respect en restant silencieux peut recadrer un grand nombre de situations.

Les Japonais pratiquent le respect quotidiennement et de nombreuses manières différentes.

En s'inclinant, en public ou en privé. Parfois, l'obéissance se traduit par une révérence marquée de l'une des personnes, à laquelle l'autre répond par une inclinaison plus légère, mais souvent, les saluts de la tête sont plus ou moins identiques.

Quand je rentre du Japon, je me surprends à m'incliner un peu, la tête baissée et les épaules en arrière. C'est agréable d'utiliser ma posture pour signifier mon respect. J'aime aussi cette sensation quand je détourne les yeux, je ne saurais dire pourquoi.

Pour être clair : s'incliner n'est pas céder, ni renoncer à son autorité, ni reconnaître son infériorité. Il ne s'agit pas de soumission. Au contraire : la révérence, comme la poignée de main occidentale, est une simplification de la relation. Deux personnes s'inclinent l'une devant l'autre pour exprimer un respect mutuel. Certes, il existe de nombreux cas où un employé s'incline bien plus bas devant son patron que le patron devant l'employé, mais cela signifie qu'une relation existe en dehors de ce salut. Il est essentiel, a minima, de reconnaître le sens profond de la culture nippone indépendamment des valeurs occidentales. C'est aussi une autre façon de montrer du respect.

Et, bien sûr, vous ne voudrez peut-être pas vous incliner – ça semble certainement stupide si vous êtes un Occidental qui vit à fond – mais vous *pouvez* utiliser votre corps pour montrer votre acceptation. Avoir une posture détendue, se promener plutôt que se pavaner, se décoincer : tous ces gestes font comprendre aux autres que vous ne cherchez pas à dominer la pièce. Si vous avez de la chance, les gens pourront aussi relâcher leur posture.

L'expression du respect parmi les Japonais est accompagnée d'une conscience aiguë des autres.

Lors d'un combat de *sumo* à Tokyo, je me suis allongé avec des amis, j'ai mangé des *yakitori* et bu de la bière tandis que d'énormes lutteurs s'affrontaient sur le ring en contrebas. La plupart des spectateurs restaient concentrés, mais calmes jusqu'à ce qu'un des lutteurs soit poussé hors du ring ou jeté à terre. Tout à coup, les applaudissements et les acclamations se faisaient assourdissants.

Lorsque j'ai emmené mon ami Nozomi à un match de basket des Celtics de Boston, et qu'il n'a pas dit un mot de tout le match, je lui ai proposé de partir avant la fin. Je me disais qu'il n'appréciait pas le spectacle. Mais il a eu l'air surpris et a demandé à rester, alors nous sommes restés à nos places jusqu'au coup de sifflet final. Dans le métro, il n'a cessé de parler du match : il se souvenait de nombreuses passes et des paniers marqués, il avait comme enregistré ce qu'il avait vu, et son respect pour l'événement lui a permis de le faire revivre.

Lors des matchs de base-ball japonais, la foule applaudit souvent avec entrain, pratiquement du début à la fin, jusqu'à ce que chacun ait la sensation de faire partie de quelque chose, de participer, de ne plus être un individu, mais une partie du groupe. C'est une version extrême de la vie d'un fan de sport aux États-Unis : il y a des acclamations, des chants et des rituels. Lorsque je me suis rendu à un match avec ma fille, j'ai vu les fans des Tokyo Yakult Swallows lever des parapluies, les ouvrir et les fermer à plusieurs reprises dès qu'un de leurs joueurs réussissait un *home run*.

Le jazz fait cet effet aussi.

Lors d'un concert au Cotton Club, situé dans le quartier Marunouchi de Tokyo, personne n'a touché à son verre, n'a chuchoté ou n'a beaucoup bougé pendant que le groupe jouait. La clé, c'était à la fois d'absorber la musique et de permettre aux autres de faire de même. C'était très respectueux.

Le respect crée les conditions nécessaires à l'observation. Lorsque vous êtes conscient de votre environnement et de ce que celui-ci attend de vous, vous êtes mieux à même d'accepter la situation. Cela n'est pas seulement vrai pour la routine quotidienne et les divertissements publics, mais aussi pour les situations stressantes.

Il y a quelques années, la compagnie aérienne Delta nous a fait atterrir à l'aéroport de Narita, juste à la périphérie de Tokyo, sachant (sans pour autant le dire aux passagers) que tous les transports publics et privés étaient fermés et qu'aucune chambre n'était disponible à 80 kilomètres à la ronde. (L'avion avait atterri à Nagoya pour se ravitailler en carburant, mais personne n'avait été autorisé à descendre car, m'a expliqué Delta plus tard, ils ne voulaient pas qu'on leur demande de payer des chambres d'hôtel.) Après environ treize heures de vol, j'ai rejoint des centaines de Japonais qui dormaient sur le sol de l'aéroport, et ce n'est que seize heures plus tard que les trains se sont remis à circuler. Je ne dis pas que nous avons tous adopté une approche zen, mais ce qui s'est passé a été une leçon précieuse.

Tout est devenu très calme. Les gens se recroquevillaient sur des manteaux, les uns collés aux autres. Ils n'étaient ni résignés ni désespérés, mais comprenaient que se mettre en colère aggraverait les choses pour tout le monde, qu'aucun d'entre nous ne pouvait faire quoi que ce soit pour changer la situation, et que peut-être, le mieux que nous puissions faire, chacun d'entre nous, c'était de rester calmes et faire preuve de retenue. Il aurait été considéré comme égoïste et irrespectueux de manifester de la colère. Garder le silence et rester tranquille, c'était reconnaître que ce qui se passait ne concernait pas chacun d'entre nous mais nous concernait tous, et que le respect du bien-être des autres était plus important que le stress individuel.

J'ai transposé cette mentalité dans d'autres situations, loin de ces heures passées à Narita. Ça se résume à une vérité intrinsèque à la psychologie japonaise : la situation peut être stressante, mais cela ne veut pas dire qu'il faille y répondre de manière stressante.

Je peux respecter le tumulte, je peux même l'accepter, mais je refuse d'en faire partie et je refuse de le laisser avoir une incidence sur qui je suis en tant que personne. Je peux choisir de l'ignorer ; je n'ai pas besoin de réagir[35].

Cette approche exige d'énormes efforts, et si vous me voyiez conduire à Boston, faire une queue de poisson à un chauffeur sur une bretelle de sortie, vous sauriez que cela reste un idéal qui vaut la peine d'être poursuivi.

L'idée est de construire une communauté respectueuse dont vous faites partie, où vos besoins sont compris dans le contexte des autres. Il y a toujours des gens qui sont plus faibles que vous et qui ont besoin de votre aide. Agir en fonction de votre communauté signifie tempérer vos réactions et votre comportement selon des besoins autres que les vôtres.

Ces concepts de respect, de silence et d'acceptation ont un impact sur des questions majeures au Japon : les traitements de fin de vie et les soins palliatifs (les coûts médicaux étant habituellement les plus élevés au cours des six derniers mois de la vie d'une personne) ; l'accès aux soins médicaux pour les personnes en bonne santé ; les soins continus pour les personnes souffrant de troubles chroniques ; et la sécurité dans les centres urbains.

Si vous vous occupez surtout de vous-même et de votre famille, et que vous laissez les autres se débrouiller par eux-mêmes, ce n'est pas du respect, c'est un business plan.

Les Japonais savent que la manière dont on se sent soi-même est influencée par la vie des autres autour de soi. Cela vaut la peine de faire des sacrifices personnels pour créer des environnements respectueux.

Le respect des autres est une façon de se respecter soi-même. Le respect envers votre incapacité à atteindre vos idéaux, vos échecs et, en général, votre talent pour tout gâcher. (Je parle de moi ici, au cas où vous vous poseriez la question.) Le respect de soi-même renforce la confiance en soi.

En gardant ça à l'esprit : inclinez-vous un peu, faites preuve de patience, acceptez que les autres soient stressés, observez en silence et écoutez.

Le jeu de gagnant-perdant qui résume bien des échanges dans le monde occidental est mis de côté.

Souvent, il n'y a ni gagnant ni perdant. Les deux interlocuteurs se sentent bien dans l'échange, et c'est surtout grâce au silence que cela devient possible. Le *choix* d'être silencieux et respectueux procure des avantages. Mieux encore, vous vous renforcez pour les moments où il est indispensable de vous exprimer.

Chapitre 8

PRÉSENTER DES EXCUSES

Sumimasen est le premier mot que j'ai appris au Japon. J'ai entendu ce mot partout, et je l'ai beaucoup prononcé moi-même. Dans des magasins, des gares, dans la rue ou des ascenseurs, lors de réunions professionnelles, au restaurant ou dans des bars – dans toutes sortes de situations.

Quand je tiens la porte ouverte pour quelqu'un.

Sumimasen, répond à chaque fois la personne.

Lors d'un dîner entre amis autour d'un plat de *tonkatsu*, Kanna lève la main pour faire signe au serveur et lance : « *Sumimasen.* »

Au téléphone : l'interlocuteur s'incline devant la personne à l'autre bout de la ligne, qui ne voit pas sa démonstration de respect, et répète le mot chaque fois qu'il incline la tête : « *Sumimasen. Sumimasen. Sumimasen.* » (Il s'exclame, « *Sumimasen* », et ajoute « *Hai !* » qui veut dire « Oui ! » mais signifie au fond « Oui, je m'en occupe ! » ou « Oui, j'ai bien compris ! »)

Quand, il y a bien des années, lors de ma première visite, j'ai demandé à mes amis ce que voulait dire *sumimasen*, ils m'ont répondu qu'on pouvait grossièrement le traduire par « Je suis désolé », une forme d'excuse. Mais pourquoi s'excuser auprès d'un serveur ? Et pourquoi le dire plusieurs fois au téléphone ? Ou lorsque quelqu'un vous tient la porte ouverte ? Non, *sumimasen* est beaucoup plus complexe qu'un simple « je suis désolé », et bien qu'il puisse être compris et appliqué à notre vie ici, le mot, comme beaucoup d'expressions et de comportements au Japon, a plusieurs significations qui dépendent à la fois du moment, du lieu et de la personne à qui on le dit. J'ai appris cela de ces mêmes amis.

Il s'agit de respecter et d'accepter les autres êtres humains en s'excusant de les éloigner de ce qu'ils font ou disent. *Sumimasen* exige que la personne à qui vous le dites reconnaisse votre existence et, ce faisant, modifie ce qu'elle fait. C'est une façon de dire : Je suis désolé de vous déranger. Je suis désolé que vous ayez à vous occuper de moi et de mes besoins. Je suis désolé d'être égoïste.

On peut y entendre aussi un soupçon d'ironie, mais il y a de l'ironie dans beaucoup de nos paroles : combien de fois exprimons-nous ce que nous pensons *vraiment* au lieu de nous adapter aux exigences d'une situation donnée ?

L'ironie fait partie des excuses omniprésentes dans la vie des Japonais.

Quand le romancier Tanizaki fait l'éloge des ombres, il dit que ce que vous voyez, ce que vous prenez pour vrai, n'est pas aussi réel que ce qui se passe derrière le rideau. Dans une culture aussi visuelle que le Japon, une grande partie de ce qui est observable est une représentation ironique du sens plutôt que de la chose elle-même. Ce qui laisse une large partie de ce qui est vu sujet à interprétation.

Mais *sumimasen* est *aussi* une tentative sincère de voir et d'accepter une situation du point de vue de l'autre. Ce mot déplace ce que vous ressentez et pensez dans le domaine de l'expérience d'autrui.

Ce mélange de sincérité et d'ironie n'est pas aussi abstrait qu'il y paraît. Comme Roland Barthes l'a noté dans *L'Empire des signes*, « le rationnel n'est qu'un système parmi d'autres », et « le Zen tout entier mène la guerre contre la prévarication du sens ». Si vous acceptez que l'invisible, l'inconscient ou l'irrationnel représentent la majorité de ce qui crée du sens dans nos vies, vous comprenez une partie de ce qui constitue la culture nippone. À savoir que ce que nous voyons et disons est une *représentation* ou un signe de sens profond.

Le sens profond de *sumimasen* réside dans le fait qu'à la fois la personne qui le dit et celle qui le reçoit disposent maintenant d'excuses et ne ressentent plus la colère, la frustration, la sollicitation ou le désagrément qui ont motivé ces excuses au départ.

Plutôt que d'être aux prises avec un conflit ou des désaccords susceptibles de les diviser, les deux personnes ont désormais quelque chose en commun. Elles admettent que la situation est difficile ; les excuses transforment une circonstance potentiellement statique. En fait, *sumimasen* a le pouvoir de *tout* changer.

La personne qui dit « *sumimasen* » reconnaît que ce qui a motivé les excuses peut avoir été difficile pour la personne à l'origine du problème. Peut-être que cette personne passait une mauvaise journée. Ou bien suivait un script fourni par son entreprise. Ou simplement qu'elle s'en moque.

Quoi qu'il en soit, vos excuses sont une forme d'acceptation de la situation et donnent à la personne qui semble l'avoir provoquée la possibilité de changer et d'améliorer les choses. Si la personne à qui l'on présente des excuses utilise votre *sumimasen* pour aggraver la situation, il s'agit, comme on l'entend souvent au Japon, d'un malentendu.

« Ah, désolé pour le malentendu ! » Mais au moins, la personne qui dit « *sumimasen* » a tout essayé !

Depuis que j'ai vu et ressenti moi-même le rôle positif du *sumimasen* au Japon, je m'excuse ici tout le temps et chaque jour, dans toutes sortes de situations. L'effet est merveilleux à observer et permet de détendre tout le monde.

Lorsque je suis au téléphone avec mon opérateur au sujet d'un problème technique, ou avec le Trésor public concernant un PV de stationnement que je *sais* abusif, je commence la conversation par une phrase du genre : « Je suis désolé, je m'excuse de prendre votre temps, et j'apprécie votre aide. Je me demandais si... »

« Oh, pas besoin de vous excuser ! » est souvent la réponse, ou chez les plus jeunes : « Pas de souci ! »

Mec, je n'étais pas soucieux.

J'entends alors la stupéfaction dans la voix de mon interlocuteur, et cet élément de surprise est le signe d'un nouveau départ, la possibilité que la personne à l'autre bout de la ligne n'érige pas un mur entre nous. En tout cas, pas tout de suite. Peut-être que cette personne écoutera vraiment ce que j'ai à dire, qu'elle verra que, puisque c'est agréable de parler à quelqu'un qui n'est pas en colère, ça peut valoir la peine d'essayer d'être utile.

Même si je suis perdant et que mon problème est ignoré, au moins j'ai évité d'être en colère, ce qui me permet de rester relativement concentré pour le reste de la journée. Comme nous le savons tous, la colère est une énorme distraction. Ce n'est même pas à proprement parler une émotion dans le sens où elle ne jaillit pas de l'intérieur mais est plutôt une réaction à ce qui se passe autour de nous. En ne réagissant pas, nous avons une chance de rester calmes. Et en restant calmes, nous pouvons faire avancer les choses.

Il est certain que ce n'est pas ce que les employés de service clients ou de commerce ont l'habitude d'entendre de la part de clients mécontents. Ils se préparent toujours à un conflit ; ils sont sûrs que vous allez les insulter, leur demander un truc bizarre, exiger de parler à leur supérieur... Vous avez donc vraiment un avantage quand, au lieu de vous emballer, vous souriez et dites avec sincérité : « Je m'excuse. Je me demandais si vous pouviez m'aider. »

Vous devez être vraiment sincère. Ce n'est pas une stratégie ou une tactique. Il faut le ressentir. C'est inattendu, d'être gentil et de demander pardon, et quand votre interlocuteur est surpris, vous bondissez !

Attendez, est-ce que je viens d'écrire ça ? Bondissez ?!

Oh, *sumimasen*, je ne voulais pas écrire « bondissez ». Je voulais écrire que vous pouvez établir une certaine connexion afin que la personne à qui vous présentez vos excuses se sente liée à vous. Vos excuses la rendent heureuse. Vous l'avez rendue heureuse ! Espérons qu'elle acceptera alors d'être utile à vous, qui l'avez rendue heureuse, plutôt qu'en colère, effrayée et sur la défensive.

Pour ceux d'entre vous qui travaillent dans un service clients, si vous lisez ce livre et devez faire face à des clients en colère, impolis, qui se croient tout permis, se prennent pour des rois, et qui n'ont manifestement pas encore lu ce livre utile, commencez votre conversation par : « Désolé de devoir commencer par ceci. Je suis désolé que nous ayons ce problème. »

Et dans des situations bien plus déterminantes et potentiellement lourdes de conséquences, au travail avec des collègues ou des personnes attendant d'être vues ou des supérieurs, dire « Je suis désolé » contribue largement à dissiper le stress.

Et avec un conjoint, un partenaire ou un ami, s'excuser même si vous êtes convaincu de ne rien avoir fait de mal ou si peu signifie que vous acceptez le point de vue de l'autre. Leur colère ou leur frustration devient légitime et, croyez-moi, ça marche.

Non, pas tout le temps. Mais *quand* ça marche, vous avez pris le contrôle de vos émotions et reconnu que ce qui est important pour vous l'est moins que ce qui l'est pour la personne que vous aimez ou à laquelle vous tenez.

Le *sumimasen* est un effort pour éviter un conflit ou pour le résoudre, ce que les Japonais savent très bien faire *dans leur culture*. Lorsque l'accent est mis sur le groupe ou la relation, et non sur l'individu, les conflits ne sont pas considérés principalement comme des problèmes individuels, mais comme des insultes à une mentalité de groupe bien établie. Lorsque vous vous excusez, vous reconnaissez que le groupe, même s'il ne s'agit que de deux personnes, compte plus que vous. C'est une approche empathique.

Oui, il arrive qu'on me regarde de travers, comme si je mijotais un sale coup. Le caissier du supermarché n'est pas habitué à ce qu'un client s'excuse de *le* déranger. (S'il prenait la peine d'arrêter d'envoyer des SMS, il se pourrait bien, en fait, que la file d'attente avance un peu.) Le fonctionnaire de la préfecture n'est pas non plus habitué à ce qu'un usager s'excuse de réclamer un papier qui aurait dû être envoyé par courrier mais qui ne l'a pas été, si bien qu'il a eu un PV.

Mais à quoi bon être un énième client fâché et prévisible quand on peut dire « Je suis désolé » ? Et pourquoi continuer à essayer de se défendre face aux collègues de travail ou tenter de sortir gagnant d'une querelle à la maison ? Des excuses peuvent conduire à une discussion plutôt qu'à une confrontation. Comme : « Je suis désolé que nous nous disputions à ce sujet. Je m'excuse d'avoir empiré les choses. »

C'est peut-être pour cela que le *sumimasen* est souvent répété par les conférenciers au Japon. La première fois, on peut croire à tort qu'il s'agit là d'une ruse ou d'une stratégie, mais la deuxième ou la troisième fois, l'auditeur comprend : Vous êtes désolé ! Vous êtes vraiment désolé.

Vous avez le pouvoir de changer la situation, vous avez le pouvoir d'améliorer les choses. Vous ne suivez pas un scénario préétabli, vous ne mentez pas à la secrétaire sur les raisons du retard du train, vous ne criez pas sur votre conjoint. Non, c'est vous qui dites « je suis désolé ». C'est le secret du *sumimasen*.

Les excuses sont pour la personne qui les présente, pas pour celle qui les reçoit.

Vous vous sentirez mieux après vous être excusé même si ce n'est pas le cas pour votre interlocuteur. C'est un soulagement de ne pas réagir à une situation stressante. Vous pouvez vous excuser d'avoir fait partie du problème, d'avoir contribué à cette horrible situation, de ne pas vous être suffisamment soucié de la situation pour tenter de la régler. Vous acceptez la responsabilité de votre comportement perturbateur.

Des excuses signifient que vous acceptez les choses telles qu'elles sont, mais pas que vous êtes résigné à ce qu'elles restent ainsi. Peut-être que sans la colère, il sera possible de vous intéresser suffisamment à un sujet pour qu'à l'avenir il ne soit plus nécessaire de dire : « *Sumimasen.* »

Chapitre 9

TOUT EST RIEN

Jiro m'a annoncé que je devais partir.

Nous nous trouvions au dernier étage d'un grand édifice gouvernemental à Kanazawa. Nous étions là pour essayer d'obtenir un financement de la préfecture pour un projet que nous espérions réaliser ensemble : une brochure sur les artisans de la région de Yamanaka qui fournissaient du travail à son *ryokan*. Jiro devait s'occuper des artisans, et moi de la rédaction.

Mon fils adolescent, Nick, attendait en bas dans l'immense hall cathédrale, qui s'élevait sur une douzaine d'étages, bordé de longs couloirs ouverts. On entendait l'écho des chaussures tout en bas, et souvent c'était le bruit de gens qui couraient. Les fenêtres du hall étaient hautes de plusieurs étages. On pouvait voir à l'extérieur, mais il n'y avait pas grand-chose à voir : un grand nombre de voitures garées, brillantes, consciencieusement lavées et semblant neuves, et au loin, face aux basses montagnes de l'Est, une route à deux voies, une épicerie de quartier et un restaurant aux couleurs vives.

« Oui, chuchota Jiro, nous avons des affaires à discuter, des questions administratives, et il est préférable que tu nous rejoignes après. »

Jiro m'avait prévenu à l'avance : sa consigne et ma réponse, « Oui, je comprends », suivaient un scénario décidé en amont, et le fonctionnaire de la préfecture le savait bien.

Comme je savais que cela allait arriver, j'avais fait quelques recherches sur ce qu'il y avait à voir et faire dans le coin pendant ces discussions dont j'étais exclu.

Le musée D. T. Suzuki était tout près. On attribue à Suzuki la popularisation du bouddhisme zen en Occident. J'avais lu certains de ses livres[36].

J'avais dit à Jiro que j'aimerais visiter le musée, et il avait chargé son chauffeur de nous y emmener. Le musée a été dessiné par l'architecte Yoshio Taniguchi, qui a également repensé le musée d'art moderne (MOMA) de New York. Dana Buntrock, éminente spécialiste de l'architecture nippone, a décrit Taniguchi comme « le maître du minimalisme », et sa confiance en ce qui n'existe pas, en ce qui est implicite, est évidente dans son travail.

Nick et moi n'étions pas au courant de la réputation de Taniguchi, ni experts en architecture, il était donc d'autant plus impressionnant que nous ayons ressenti ce que nous avons ressenti. Nous avons fait l'expérience du musée sans chercher à analyser, sans même être informés – cela viendra plus tard. En cet instant, alors que nous étions à l'intérieur de la création de Taniguchi, nous avons peut-être réussi à percevoir ce qu'il avait voulu que nous percevions. Nous étions là pour Suzuki, pas pour les bâtiments qui abritaient son travail.

Nous sommes entrés par une porte banale, puis nous avons fait quelques pas jusqu'à un guichet vitré. Après avoir acheté des billets, on nous a remis une petite brochure contenant un plan pour nous guider dans le musée. Nous avons parcouru les salles, l'esprit en paix, et avons regardé les manuscrits et les photographies dans les vitrines et sur les murs, disposés chronologiquement de façon à nous faire revivre la vie de Suzuki, et avec une sobriété qui nous a permis d'approfondir notre appréciation.

Nous avons alors pénétré dans une zone située juste à la sortie du bâtiment principal du musée et nous avons ressenti là quelque chose d'étrange et de plus profond. Il s'agit d'une pièce sombre et carrée, avec des ouvertures sur tous ses côtés qui donnent sur un jardin. Il n'y a rien à voir dans la salle. Sa vacuité est ce qu'il y a de plus vrai à propos de cet espace. On s'assoit sur de larges plateformes en bois et on regarde en silence vers le plafond et l'extérieur.

Nous sommes restés assis longtemps, et ce n'est que bien plus tard que Nick m'a dit que c'était le plus beau musée qu'il ait jamais visité. Il avait visité beaucoup de musées, et je n'étais pas sûr de ce qu'il avait le plus aimé ici. Il m'a parlé du vide. Le fait de pénétrer dans un endroit où il n'y a rien et de sentir que tout est là inspire le bien-être.

Aucun de nous n'a été dupe de l'absence apparente de tout artifice : ces longues lignes élancées, le granit, la dose de lumière entrante, la texture du sol et des plateformes, tout cela était remarquable et évocateur. Il n'y avait rien, mais, oh, quel rien !

Quand la voiture est repassée nous prendre pour rejoindre Jiro, celui-ci a lu sur nos visages que nous étions vraiment heureux. Nous n'avons pas eu besoin de dire quoi que ce soit.

Il a dit : « Je suis si content que vous ayez apprécié le musée. »

Son *ryokan* exploite à merveille le silence et le vide que nous avions connu au musée Suzuki. Rien sur ses murs. Des espaces dépouillés. La forêt et le jardin sont visibles depuis pratiquement partout à l'intérieur. Aucun besoin ou désir de distraction. Aucun besoin ou désir de signaler quoi que ce soit. Juste une manière d'accepter que nous soyons proches du néant, et que le néant façonne notre brève présence sur terre.

Tout près de là se trouve un autre *ryokan*, *Beniya Mukayu*, dont le nom lui-même illustre la conception de l'utilisation de l'espace par les Japonais. Sachiko Nakamichi, propriétaire de l'endroit avec son mari, Kazunari, m'a dit que *mukayu* signifie plus ou moins « tout est rien ». Ici aussi, on fait l'expérience des murs nus et du silence.

Les années passées à visiter le Japon ont modifié ma façon d'utiliser l'espace aux États-Unis. Comme beaucoup de gens, j'avais tendance à m'accrocher aux objets, pendant de longues années, et quand bien même ceux-ci ne me seraient plus utiles, j'ai toujours eu du mal à m'en séparer[37].

Comment pourrais-je me défaire de mon T-shirt des Clash de 1981 ? L'été où je les ai vus se produire trois fois, une fois depuis la fosse à Asbury Park avec la petite sœur de mon ex, Mary. Si je le jetais, ce serait comme si je jetais une partie de moi-même, n'est-ce pas ?

Mon bureau était rempli, du sol au plafond, de coupures de journaux et de magazines relatant des événements mondiaux importants, d'articles écrits pendant mes études, de livres que je ne lirais jamais. Des chapeaux, des chaussures, divers appareils électroménagers, des bibelots et des souvenirs. Chacun d'eux me rappelait une anecdote que je pouvais me remémorer.

Comme cette petite figurine hippie en argile qui tient un panneau : « Refuse la haine ». Ma mère et moi étions allés dans une maison où une femme et son fils vendaient ce que nous appelions des « babioles », que ma mère voulait se procurer en guise de cadeaux pour les fêtes. Le fils portait une robe et du maquillage, ce que je n'avais jamais vu un homme faire auparavant, et cet après-midi-là est gravé dans ma mémoire.

Ou cette petite boîte rouge qui contenait les cigares rapportés d'un voyage que j'avais fait avec mon père aux Pays-Bas il y a des années. Il avait loué une voiture, m'avait filé une carte et confié la responsabilité de nos déplacements. Il se moquait de savoir où nous allions, à condition que nous trouvions un petit hôtel avec des chambres disponibles avant la fin de l'après-midi.

Si je me débarrassais de ces objets, est-ce que j'oublierais qui j'avais été et les gens qui avaient été là avec moi ? Peut-être bien. Ça pourrait bien être le but de l'opération. Se débarrasser de ces trucs pourrait être une décision saine. Passer à autre chose. Je pourrais alors mieux m'attacher au présent. Les objets qui font rejaillir les souvenirs gênent l'acceptation du présent.

De quoi avais-je peur *maintenant* ? Pourquoi regarder en arrière ?

Ne regardez pas en arrière.

J'ai également réfléchi à ce que je veux et à ce que je ferais pour l'obtenir. Qu'accepterais-je d'abandonner pour obtenir davantage ? Quelles exigences m'imposerais-je, quelles contraintes supporterais-je pour acquérir plus de choses ? De combien de trucs avais-je besoin ?

Comment savoir quand on a *assez d'objets* ?

Plus j'y pensais, plus je me rendais compte que je voulais moins, et j'étais plus heureux non seulement avec moins, mais aussi avec le fait de ne pas vouloir plus. Ce n'est pas une révélation qui s'est opérée du jour au lendemain. Il m'a fallu, disons, pas loin d'une décennie, mais une fois que j'ai accepté cette idée comme vraie, le changement a pu se produire.

Je suis allé dans un magasin de fournitures de bureau et j'ai acheté une demi-douzaine d'immenses boîtes en plastique transparent, dans lesquelles j'ai vidé toutes sortes de machins, et j'ai tout entreposé dans la cave *pour le moment*. Je promets de m'en débarrasser un jour. Je le jure !

Un petit buste d'Abraham Lincoln, mon globe terrestre d'écolier, d'innombrables fiches recouvertes d'une écriture indéchiffrable, etc. Mais j'ai aussi jeté beaucoup de choses. Je dirais que j'ai jeté environ quatre fois plus de choses que je n'en ai gardé. J'ai lâché prise.

Je me suis senti purifié. Comme un être humain libre. Je me suis senti mieux à même d'accepter la perte comme une nécessité pour accéder au bien-être. Mon bureau, après cette purge, était presque vide. Un haut bureau, du genre de ceux qu'utilisent les architectes, un tabouret haut, un fauteuil confortable pour la lecture, deux lampes habituellement utilisées dans les studios de photographie, une affiche de film originale en japonais d'*Entre le ciel et l'enfer*, les faire-part de naissance de mes deux enfants, une carte du métro de Tokyo, et, d'accord, des piles de livres.

Presque tout avait disparu. Ce n'était pas tout à fait un « espace de recueillement », mais c'était la pièce la plus vide que j'avais jamais imaginée pour moi-même.

Maintenant, quelques mots sur le rangement. Je jure, et j'imagine que vous ne me croirez pas, mais je n'avais pas entendu parler de Marie Kondo jusqu'à ce que je montre ce chapitre à une amie et qu'elle me fasse remarquer que, hum, Marie était là bien avant moi et la plupart des gens souhaitant se libérer du désordre. Tout le mérite revient donc à Marie Kondo et à son livre *La Magie du rangement*. Je n'ai pour elle rien d'autre que du respect[38].

Les membres du Collectif international de rangement[39] sont unanimes sur ce point : il y a de grands avantages, tant psychologiques qu'émotionnels, à vider nos pièces de vie.

Qu'est-ce que le fait de vivre dans le présent avec moins de souvenirs du passé pourrait encore changer ?

Avais-je vraiment besoin d'acheter le nouvel iPhone à chaque nouvelle version ? Pourquoi acheter plus de vêtements ? Pourquoi acheter plus de *quoi que ce soit* ?

Cette idée d'avoir toujours plus soulève des questions sur les risques et les bénéfices. Quels sont les avantages d'avoir toujours plus ? Quels en sont les risques ? Il est peut-être préférable de profiter de ce que l'on a plutôt que d'acquérir plus pour essayer de se sentir mieux. Dans quelle mesure pouvez-vous vous sentir mieux ? Que perdez-vous de vous-même en essayant d'acquérir davantage pour vous sentir mieux ?

Libéré de la plupart des objets de mon bureau, j'ai découvert que la question n'était pas de savoir si je perdais mon passé. Au contraire, maintenant le passé était en moi ; maintenant le passé était invisible ; maintenant j'étais le passé. C'était une excellente façon d'accepter le changement.

Arata Isozaki, lauréat du prix d'architecture Pritzker 2019, l'exprime sans doute le mieux : « Comme l'univers, l'architecture naît du néant, devient quelque chose, et finit par redevenir le néant. Ce cycle de vie, de la naissance à la mort, est un processus que je veux mettre en valeur. » Ses mots s'appliquent à la vie en dehors de son domaine, et ses quatre-vingt-sept ans éclairent ses observations. Celles-ci portent sur l'acceptation de la perte et sur la temporalité tout en étant une invitation à participer et à contribuer au monde.

En m'inspirant de ce maître architecte, il m'est possible de laisser place à l'observation de ce qui m'entoure plutôt que d'imposer mes conditions particulières. Le néant est le signe qu'un jour je disparaîtrai moi aussi. Reconnaître et utiliser cette conscience du vide montre une acceptation plutôt qu'une résistance ou un déni face à cette inévitabilité naturelle. Quand Isozaki parle de la naissance et de la mort, il évoque tacitement une sorte de renouveau.

Pourquoi prétendre le contraire en remplissant nos pièces de bibelots ? Pourquoi nier la mort en accumulant toujours plus ? Tous ces trucs impliquent que vous allez être là pour en profiter pendant longtemps, mais en fait, vous êtes ici aujourd'hui et…

Chapitre

10

RIEN NE VAUT JAMAIS CHEZ SOI

Lorsque j'ai été invité dans un foyer japonais pour la première fois, j'ai vu, après avoir enlevé mes chaussures et enfilé des pantoufles, puis être entré dans un vestibule menant au salon, une petite vitrine en bois à ma droite contenant des photos en noir et blanc de personnes que j'ai supposées être des membres décédés de cette famille. Les photos étaient accompagnées d'une série d'objets qui semblaient être d'ordre religieux.

Mon hôte m'a expliqué qu'il s'agissait d'un *butsudan*, puis m'a offert davantage d'explications, avant que nous nous asseyions pour savourer le thé et les douceurs que sa grand-mère avait apportées, tout en nous montrant un livre rempli de calligraphies et estampillé par les moines des temples qu'elle avait visités avec son mari de nombreuses années auparavant.

Son mari était, bien sûr, l'un des hommes sur les photos.

Les *butsudan* sont de petites vitrines, ou étagères, souvent placées dans l'entrée d'une maison, comme autant de tours de guet. Les *butsudan* sont en quelque sorte un autel ou un reliquaire, abritant des icônes bouddhistes et des *butsugu*, des récipients pour l'encens, les fruits, etc. Ce sont des symboles physiques de la spiritualité qui imprègne notre vie. Les *butsudan* revêtent de nombreuses significations, selon le foyer et les personnes qui honorent le passé.

Les *butsudan* sont présents dans les familles nippones pour rappeler aux vivants que leurs pensées et leurs actions sont jugées, observées et acceptées par leurs ancêtres.

Enfin, pas exactement.

Ces sanctuaires servent à *honorer* les morts et *accepter* leur perte, mais quand on va droit au but, le message n'est-il pas qu'il faudrait penser et se comporter comme les morts l'attendent ?

Si vous agissez d'une manière qui, croyez-vous, pourrait décevoir les morts, alors vous les déshonorez. Cette stratégie invite à garder une bonne conduite, mais pourrait devenir une prison. Ou peut-être que ce n'est ni l'un ni l'autre. Car qui sait ce que les morts attendent de vous ? Ils sont partis ; vous êtes toujours là.

Les *butsudan* peuvent servir de passe-droit pour vos actions. Vous pouvez vous dire: « Oh, je suis exactement le genre de personne que mon grand-père veut que je sois ! » en sachant pertinemment qu'il ne le saura jamais.

Votre comportement dépend de vous – vous êtes responsable de vos actions, de vos pensées et de vos actes – et l'idée que vos ancêtres veillent sur vous, autorisent ou condamnent votre comportement est une *fiction* vraiment créative et utile.

Elle offre un cadre à votre vie : les personnes qui vous aiment veillent sur vous et, par vos actions, vous les gardez en vie, d'une certaine manière, et leur permettez de continuer à vivre dans l'avenir.

Nos vies sont la somme des histoires de nos familles. Les *butsudan* sont des témoins concrets des histoires familiales qui font de nous ce que nous sommes.

Par *spiritualité*, j'entends l'invisible, l'inconnu et l'inexplicable qui guident, distraient et préoccupent chacun de nous, nous amenant à agir de manière regrettable, soudaine, érotique – des comportements qui nous prennent par surprise.

La culture japonaise est attirée par l'obscurité et les ombres, vers une acceptation de ce que la nature nous réserve, de ce que la nature attend de nous, de la perception que nous pouvons avoir de nous-mêmes à travers les yeux de nos ancêtres, ce qui est un pas de géant dans l'imagination. Ce qui est très intéressant dans le *butsudan*, c'est que, pour paraphraser Maurice Sendak, vous êtes dans les ancêtres et les ancêtres sont en vous. La façon dont vous imaginez leur acceptation est dans votre tête, et le *butsudan* est un rappel physique que oui, vous avez raison, quoi que vous fassiez, vos ancêtres *pourraient* bien l'approuver.

Ce n'est pas aussi simple que cela. Un *butsudan* n'est pas une carte « Vous êtes libéré de prison ». Si vous avez un *butsudan* et que vous le laissez influencer vos pensées, vos émotions, votre conscience, vos relations et votre prise de décision, vous faites réellement entrer les ancêtres dans votre vie en leur donnant un véritable statut. Après tout, il s'agit d'un avertissement formel et littéral que le passé est toujours présent.

Même si la construction des ancêtres est fictive, dans la mesure où vous êtes l'ancêtre qui est imaginé, vous avez maintenant une conscience historique ou une tradition dans le cadre de laquelle votre comportement se manifeste. Vous n'agissez plus entièrement dans le présent ou en prévision de l'avenir, vous ne tenez plus précisément compte de votre héritage, mais au-delà de tout cela, vous avez le sentiment de faire partie d'une famille qui s'étend loin dans le passé invisible et inconnu.

En acceptant leur perte, vous approfondissez votre conscience du monde, en agissant en accord avec le passé.

Si vous vous comportez horriblement mal, vous êtes non seulement pénible pour votre entourage, mais vous manquez aussi de respect envers les personnes qui sont responsables de votre existence. Les *butsudan* sont une façon d'accepter la perte et de la transformer en actes de respect permanents.

Le problème est que les générations précédentes ne faisaient pas exactement tout parfaitement. Nous devons tous essayer d'être meilleurs. Je ne parle pas de loyauté, de bravoure, de résilience ou de patience. Les générations précédentes ont mis en pratique ces valeurs, à bien des égards, et leurs exemples nous servent toujours de références aujourd'hui.

Mais lorsqu'il s'agit de race, de sexe et de classe sociale, elles n'ont généralement rien à nous offrir.

La tâche consiste à jeter un coup d'œil sur le *butsudan* et à s'inspirer de l'extraordinaire courage de nos ancêtres tout en reconnaissant que nous pouvons appliquer leurs valeurs positives aux problématiques stressantes d'aujourd'hui.

En nous intéressant au *butsudan*, nous avons la possibilité de donner un sens à notre vie. Pour penser non seulement à notre bonheur ou à notre besoin de stabilité, mais aussi à ceux qui nous ont précédés. Et en acceptant leur perte, en les intégrant à notre vie, nous pouvons nous demander : *Que ferait mon grand-père ?* Ce que nous faisons a une incidence sur notre famille.

Avoir des ancêtres chez soi peut être une expérience fantomatique et angoissante – ou au contraire une source de bien-être. Leur présence signifie qu'il y a forcément des hésitations. Certains jours, grand-père approuvera. D'autres jours, pas tellement. C'est vraiment à vous de vous comporter d'une manière qui suscitera à votre avis l'approbation. Ce qui est le plus merveilleux, c'est que le *butsudan* est une invitation *bien réelle* à faire appel à votre imagination.

Le principe du *butsudan* n'est pas de célébrer le passé avec tous ses écueils et ses déceptions. À vrai dire, le passé est toujours dans notre mémoire ; nos expériences antérieures dictent notre comportement, notre conscience et notre prise de décision, que ça nous plaise ou non.

Il n'est peut-être pas nécessaire de le mentionner, mais éventuellement, convenons que le passé – bon et mauvais, néfaste, etc. – est une grande partie du panneau de contrôle inconscient et parfois conscient de nos vies.

Les *butsudan* créent une version idéalisée et physique des ancêtres, peut-être, ou, à tout le moins, des ancêtres qui ne sont plus seulement des figures d'autorité imaginaires, mais qui peuvent être observées pour de vrai par la personne chez qui le *butsudan* est dressé.

Les *butsudan* ne sont pas littéraux, mais symboliques, comme le note Roland Barthes dans son ouvrage : un signe ; interprétez-le comme vous le pouvez ou comme vous le souhaitez. Une fois que le passé est tangible, et plus uniquement dans notre tête, cette représentation ou ce signe peut être réinterprété, peut-être plus aisément, par les vivants.

Vous pouvez vous acheter un *butsudan* dans n'importe quelle boutique sur Internet, garnir ses étagères et remplir l'intérieur de photographies, d'encens et d'oranges*.

(Ce n'est pas du désordre, c'est un minuscule autel.)

* Par exemple chez Nakayama nakayamabutsudans.com (livraison internationale, N.D.L.T.).

Une autre option consiste à vous inspirer de votre propre culture complexe, en supposant que vous ne soyez pas japonais, et à installer un autel dans votre maison pour symboliser vos traditions. J'ai visité des maisons, comme la plupart d'entre nous, où un mur de la cuisine est réservé aux photos de dizaines de parents, grands-parents, oncles et tantes, et cousins, certains dans des postures formelles, d'autres à la plage, accrochées là pour rappeler aux personnes présentes que les traditions sont gardées vivantes et peuvent nous éclairer bien après la mort de ces êtres chers.

Quoi qu'il en soit, l'idée est que ce que vous faites peut être source de honte ou de gloire, ou de bien d'autres choses entre les deux, avec des fluctuations chaque jour, pour vos ancêtres et pour vous-même, en tant que prolongement de ceux-ci.

Je ne suis pas de ceux qui ont foi dans les icônes ou les images. Il y a peu de photos de famille dans ma maison, et aucun *butsudan*. Mais il est certain que je pense tous les jours à mes parents et à mes grands-parents, je suis préoccupé par la perte et j'essaie chaque jour de comprendre comment ce que je fais est lié à ce qu'ils ont fait.

C'est un processus qui consiste à oublier l'individualisme, à placer le comportement dans le domaine de l'acceptation potentielle de ce que je suis par ma famille disparue.

Il y a beaucoup à dire sur cet étrange oubli de soi par le souvenir des autres. Cela crée un foyer très intime, et atténue le poids du stress quotidien. Cela nous rappelle que nous ne sommes pas là pour longtemps et que notre signification découle en grande partie de ceux qui nous ont précédés plutôt que de ce à quoi nous sommes confrontés aujourd'hui.

Regardez autour de vous et identifiez les objets que vous gardez pour vous remémorer les personnes qui ne font plus partie de votre vie, mais qui donnent parfois l'impression d'être plus réelles que vos collègues au travail, vos voisins et les visages des à la télévision.

Les *butsudan* servent à documenter l'histoire, en nous prouvant qu'en acceptant la perte, nous recréons (et incarnons) ceux que nous avons perdus, comme l'a écrit Hilary Mantel : « Que faire de ceux que nous avons perdus, de nos morts, si ce n'est écrire à leur sujet pour les faire exister ? »

Chapitre
11

OUI, JE COMPRENDS

Hai et *wakarimashita* sont les deuxième et troisième mots, après *sumimasen*, que j'ai appris au Japon. Je les ai entendus partout.

Prononcés au téléphone par une personne se penchant en avant et s'inclinant, la main en coupe autour du microphone de l'appareil. Chaque visage était unique, mais tous avaient en commun un air sérieux et déterminé, un regard concentré et attentif, comme si peu de choses comptaient davantage que les mots prononcés.

« *Hai !* » Pause. « *Hai ! Hai, wakarimashita ! Hai !* »

Légère révérence, téléphone rangé, et on reprend le fil de la journée. Dans un restaurant, un hôtel, un bar, un café, un magasin, un centre d'affaires, un bureau ou un marché, les yeux se détournent, le contact visuel direct auquel nous attachons tant d'importance en Occident est largement remplacé par la posture, le ton de la voix, l'inclinaison de la tête et le débit de la voix. Tout votre corps, de haut en bas, en faisant appel à vos sens, est utilisé pour transmettre le sens, le respect, l'acceptation et la compréhension de l'autre personne.

Hai ressemble à la fois beaucoup et pas du tout au « oui », et c'est un véritable casse-tête qui conduit à des malentendus entre Occidentaux et Japonais. L'ajout du mot *wakarimashita* après *hai* permet de clarifier un peu les choses. Il signifie « compris ».

Lorsque les Japonais disent « *Hai, wakarimashita* », ils peuvent être d'accord ou non avec vous. Par là, la personne indique qu'elle comprend ce que vous avez dit. Cette compréhension crée un contexte pour toute décision qui pourrait découler de ce qui a été dit.

Comment puis-je être d'accord ou en désaccord avec vous si nous ne nous sommes même pas assurés que je comprenne exactement ce que vous voulez que je fasse ou ce que vous attendez de moi ? Nous n'avons pas déterminé notre relation l'un envers l'autre. « *Hai, wakarimashita* » est un moyen de nouer des relations.

Une fois que cela a été posé, nous pouvons nous diriger vers une éventuelle résolution. Je pourrais faire ce que vous me demandez ou je pourrais ne pas le faire. Vous entendrez peut-être de l'ironie dans mon *hai*, de sorte que la prochaine fois que nous parlerons, vous augmenterez la mise et demanderez : « *Quand* ferez-vous ce que je vous ai demandé de faire ? » Ou « Je veux que ce soit fait *d'ici vendredi.* » Le *hai* est la préface à la bonne exécution des projets.

Bien des aspects de ce processus de négociation me plaisent et je l'ai déjà mis en œuvre dans certaines situations avec des résultats surprenants et positifs.

Cela signifie qu'il faut faire des (gros, très gros) efforts pour être agréable, pour ne pas formuler des phrases qui pourraient faire dégénérer l'échange, et pour être conscient des raisons pour lesquelles l'autre personne pourrait être provocante.

Récemment, j'ai dû faire face à une personne qui m'avait engagé pour une mission de rédaction à New York, et plusieurs mois se sont écoulés sans le planning de rendez-vous pourtant indispensable. J'ai perdu le sommeil, j'ai lutté contre la frustration et la colère, puis cela m'a finalement frappé : cette personne s'en moquait complètement. Non seulement de notre projet, mais de beaucoup d'autres choses. Cette prise de conscience m'a aidé à voir le problème qui se posait comme un obstacle dans sa vie en général : je faisais simplement partie de ce dont il se moquait, globalement. Puis j'ai réalisé qu'une personne qui se moque de tout est en fait un être humain pitoyable. Dans l'ensemble, j'ai pu regarder la situation comme si je n'en faisais pas partie.

Hai, wakarimashita, je me suis dit. J'ai compris. Savoir qu'il s'en fichait a rendu nos négociations beaucoup plus faciles. J'ai pu prendre du recul, être plus détaché émotionnellement, l'accepter, lui et la situation, et voir son manque d'intérêt pour ce qu'il était : il m'avait fait entrer dans sa vie, brièvement, et quand le projet serait terminé, je reprendrais le cours de ma vie.

Hai, wakarimashita signifie qu'il y a un retard potentiel, possiblement long, dans la résolution du problème. Plutôt que d'être en accord ou en désaccord, la personne qui dit *hai* donne à l'autre une chance de faire le point, de ressentir peut-être ce que l'autre ressent, de créer une nouvelle relation spécifique à cette situation. Pendant cette période, au cours de laquelle un consensus se construit, on ne pense pas seulement à son propre bonheur. Les pensées et les sentiments des autres comptent autant, voire plus, que les nôtres. Ce changement de mentalité contribue à l'organisation de la société japonaise.

D'un autre côté, lorsque les choses ne sont pas dites, lorsque aucune décision n'est prise – pas encore, en tout cas – les choses peuvent stagner et empirer. Au Japon, il existe un type de relation basée sur le laissez-faire qui a contribué à une croissance économique lente, à un manque de franchise limitant la participation, à l'isolement social, à la honte, à l'exclusion des femmes des postes de pouvoir politique et économique, et à des modèles de mariage et de relations amoureuses très compliqués.

Et pourtant, la culture de l'estime de soi et de développement personnel des États-Unis crée *également* une perte d'identité et des problèmes dans chacun des domaines mentionnés ci-dessus. *Quels sont les bénéfices pour moi et pour les personnes qui me ressemblent ?* Lorsque nous sommes principalement préoccupés par notre propre bonheur, nous relâchons les liens qui nous unissent aux autres dans nos familles, nos communautés et nos lieux de travail. Cette diminution de l'empathie peut créer un sentiment transitoire qui se fait passer pour du bonheur, mais cela ne dure pas. Vouloir plus pour soi-même peut se traduire par une incapacité à accepter sa responsabilité à vivre avec les autres et à prendre soin de ceux qui ont besoin de notre aide ou qui ne peuvent pas se défendre eux-mêmes.

Lorsque nous perdons cela, cela crée du malheur, et bien que l'amélioration de soi semble être la solution pour ne plus être malheureux, une solution durable serait plutôt de rendre les autres heureux et d'éprouver de la satisfaction à leur égard.

Peut-être que la meilleure façon de ressentir du bien-être est d'améliorer la vie des autres.

Je dis juste ça comme ça.

Hai, wakarimashita est une manière d'écouter et de comprendre qui crée des conditions propices à une bonne prise de décision. Vous avez reconnu l'autre personne. Dire *hai, wakarimashita* dans notre culture très individualiste, dans laquelle il y a trop souvent des gagnants et des perdants, peut conduire à l'acceptation des points de vue des autres. C'est l'incarnation même de l'*ukeireru.*

L'*ukeireru* est une façon de minimiser la colère, la peur et la détresse provoquées par des situations stressantes. Comprendre ce qui se passe crée une distance et un degré de détachement tranquille. Si vous pouvez dire que vous comprenez, vous ne réagissez pas sur le plan émotionnel. Vous pensez à ce qui se passe et à ce qui est dit. « Oui, je comprends » fait redescendre les tensions d'un cran.

Vos besoins, vos sentiments et vos pensées ne sont plus les points les plus importants de la relation. C'est vraiment libérateur, et cela vous donne la faculté de prendre du recul.

Le besoin ou le désir de rendre la communication, l'observation et la relation plus significatives ne s'applique pas seulement aux situations de face-à-face. Beaucoup d'entre nous sont en contact avec des amis, des collègues et des inconnus sur Internet. Sans contact humain, il existe une liberté curieuse qui mène à des *trolls,* des discours de haine et des insultes. Le ton agressif que peuvent prendre les e-mails lorsqu'ils contiennent des réclamations, commentaires ou observations est moins grave, mais tout de même assez pénible.

Sherry Turkle, psychologue au MIT, dont les travaux menés pendant plusieurs décennies sur l'impact de la technologie sur le comportement humain ont donné naissance à des ouvrages de référence sur ce sujet, a observé que l'empathie diminue à notre époque dans la réalité virtuelle créée par Internet.

C'est sans aucun doute vrai, et moins de temps passé sur Internet nous permettrait d'être plus attentifs aux besoins réels des autres. Le Dr Turkle note avec perspicacité la valeur de la technologie tout en analysant avec soin ce qui arrive aux êtres humains lorsque nous passons plus de temps que jamais sur des ordinateurs.

Il est possible de limiter le temps passé sur la Toile à la maison, dans les salles de classe et au restaurant, mais il est probable que l'avenir inclura plus de communication dans la réalité virtuelle, et non moins. Qu'on le veuille ou non, Internet augmentera son emprise sur l'imagination et attirera davantage de personnes et d'entreprises qui reconnaîtront ses avantages *financiers* et sociaux. Cette technologie ne va pas disparaître.

Les chevaux, c'était marrant, et puis on a inventé la voiture.

Je suis ravi de voir les gens surfer sur le Net avec leur portable dans le métro. Je me souviens de l'époque où des individus qui s'ennuyaient tout autant n'avaient pas de téléphone et embêtaient leurs voisins de transport. C'était mon cas.

Je me souviens aussi des tracas liés à la réservation des vols et des chambres d'hôtel par courrier postal ou par téléphone. Je me revois dans des magasins bondés, ne sachant pas si le prix indiqué sur le produit que je m'apprêtais à acheter était juste, n'ayant aucun moyen de comparaison disponible. Ou passer des heures à acheter des articles que je peux maintenant commander en quelques secondes sur une multitude de sites web et qui seront livrés le lendemain à mon domicile. Avec tout ce temps ainsi gagné, j'ai plus de liberté pour faire d'autres choses, comme me promener avec Beau, courir à la salle de sport, lire un livre, écrire, préparer un dîner décent, prendre un café avec un ami, etc.

Nous avons tous d'innombrables exemples de la manière dont Internet a amélioré notre vie. Pourquoi ne pas appliquer *Hai, wakarimashita* à l'Internet et mettre en œuvre la profonde considération et la compréhension du Dr Turkle de l'empathie dans les situations virtuelles ? Prenez le réel et appliquez-le au virtuel. Au Japon, les e-mails, les SMS et les publications sur les réseaux sociaux, ainsi que les échanges avec les amis, ont souvent un ton agréable et observateur. Comme : « Je comprends qu'il sera difficile de vous voir à New York, car je ne reste que peu de temps là-bas, mais ma déception pourrait dépasser la vôtre.

Comment pourrions-nous nous voir à un autre moment ? » Ou : « Je comprends que vous aviez l'intention de me faire parvenir les dossiers avant vendredi. Malheureusement, ils ne sont pas arrivés. Quelle nouvelle date vous conviendrait ? » Et : « Désolé de vous déranger. C'est peut-être un malentendu, mais n'avions-nous pas convenu qu'il était temps de revoir la proposition ? Qu'en pensez-vous ? »

En admettant d'emblée que vous comprenez, vous sous-entendez que vous n'aviez pas compris auparavant, ainsi vous lui montrez que vous êtes conciliant.

Chapitre

12

QUE FERAIT DOGEN ?

Nous sommes en 1229, et Dogen ne sait pas quoi faire. Il est l'un des moines responsables d'un monastère bouddhiste zen dans le Japon médiéval. En plein hiver, il gèle à la fois dehors et dedans, en été il fait une chaleur étouffante, et l'air est moite et humide pendant la saison des pluies. Il a décidé d'écrire un manuel de cuisine avec des instructions qui transposeront les enseignements et les principes du zen à la cuisine. Mais comment s'y prendre ?

Sain ? Équilibré ? Nourrissant ? Savoureux ?

Il n'y a aucun médecin disposant de connaissances fiables et solides pour aider à diagnostiquer et encore moins à traiter de nombreuses maladies évitables. Les soins palliatifs sont limités. Il n'existe aucune institution médicale. Pas d'écoles de cuisine, pas de nutritionnistes, peu de connaissances factuelles.

Toute la science se résume pour ainsi dire à des observations poétiques et élégiaques centrées sur la nature, l'acceptation de ce qui ne peut être connu et la croyance selon laquelle la douleur et la perte sont ce que chacun d'entre nous devrait espérer de la vie. Ce n'est pas plus mal.

Peu de moyens sont à disposition pour soulager la douleur, les décès en couches sont fréquents, et même si vous passez le cap des cinq ans, bonne chance pour atteindre la trentaine. Pas étonnant que la culture japonaise ait embrassé le concept de brièveté et le rapprochement avec les montagnes et les forêts intemporelles, le ciel et les océans.

Pour faire face aux défis de la vie avec courage, estime Dogen, nous devons être conscients. La manière de créer cette prise de conscience relève de la responsabilité de gens comme lui : des hommes qui se sont retirés de la vie quotidienne et qui consacrent au contraire la plupart de leurs heures d'éveil à trouver le calme nécessaire pour faire partie de la nature et l'accepter.

Qu'est-ce que la nature attend de nous ? Comment pouvons-nous le savoir ? Et une fois que nous pensons le savoir, que pouvons-nous faire pour répondre aux attentes afin d'être acceptés par la nature ?

Dogen ne dispose que de peu d'informations à ce sujet. Pas de bibliothèques séculières, pas de lieux publics où se tiennent des conférences, peu de conversations ouvertes. Les relations entre les individus n'ont pas beaucoup changé depuis des siècles, et c'est en suivant un ensemble de prières et rituels mémorisés et immuables que les gens comme lui parviennent à surmonter la journée.

En dehors du monastère, c'est une autre histoire.

Au moins, Dogen et ses disciples ont un endroit solide et bien construit pour vivre, des champs à cultiver, de la nourriture à cuisiner et du temps pour trouver des moyens de montrer leur acceptation.

Dogen a atteint le grand âge de cinquante-trois ans (1200-1253), mais ceux qui vivaient à l'extérieur du monastère n'ont généralement pas cette chance. La vie était dure et cruelle. Exposés aux vicissitudes de la nature en raison de logements insalubres, ne possédant aucun des éléments de base tels que de bonnes chaussures et des vêtements robustes, incapables de se protéger contre les catastrophes naturelles que sont les inondations, les typhons, les ouragans et les volcans, victimes de famines en raison de leur ignorance de l'agriculture, analphabètes et forcés à faire la guerre par les seigneurs féodaux, la population japonaise dont Dogen était censé être le chef spirituel avait besoin de toute l'aide possible.

Il n'y avait pas grand-chose que Dogen pouvait faire – ni n'avait l'envie ou l'idée de faire, au sujet des conditions systémiques et institutionnelles qui maintenaient les gens à terre. Embourbé dans des siècles de répétitions, d'habitudes fondées sur la prière et d'efforts acharnés pour survivre, il n'était pas du tout ce genre d'homme.

Et ce n'est pas tout : le Zen s'acoquinait avec les seigneurs féodaux qui leur donnaient les fonds nécessaires pour méditer sur la vie sans avoir à travailler dans les champs, dormir dans des cabanes ou partir au combat dans une guerre dont ils ne savaient rien. En échange, les moines zen accordaient aux seigneurs féodaux une légitimité. Non seulement les seigneurs étaient bénis par le bouddhisme zen, mais ils étaient aussi considérés et acceptés comme des souverains divins. Les défier était un acte barbare, inhumain, illogique et contre nature.

Dogen a choisi de s'allier *à la nature* du mieux qu'il pouvait, du mieux qu'il savait. Il est incroyable de constater que ce qu'il a pensé puis écrit, pendant des décennies, est devenu la référence en matière de cuisine japonaise. Incroyable parce qu'il a procédé sans précédent, sans tenir compte de l'héritage, indépendamment des autres penseurs, et dans un isolement relatif. D'où lui sont venues ses idées et ses convictions ?

De l'observation.

Il avait, à défaut d'autre chose, du temps devant lui, et sans beaucoup de livres, et aucun de nature profane, et sans autres obligations que quelques heures de prières murmurées et des corvées ingrates, Dogen était libre de se plonger dans le monde, de mesurer ses attentes, et de voir où nous pourrions nous trouver une place. Il pouvait écouter sa respiration, sentir son corps et apprécier la temporalité.

Que veut le corps ? Comment notre corps accepte-t-il la nature ?

Parce qu'il vivait à l'écart de la vie menée par la plupart des gens, des paysans souvent affamés aux seigneurs souvent cupides, Dogen pouvait se permettre d'être peu pragmatique. Ses perspectives étaient tout sauf opportunes. Il n'avait aucune idée de ce qui était possible et de ce qui était impossible. Ce qu'il a trouvé au contraire, c'est l'incarnation d'un rêve, une façon idéale de cuisiner.

Qu'a donc fait Dogen ? « Dogen a écrit qu'il y a cinq saveurs, cinq couleurs et cinq manières de cuisiner, m'a dit le chef Masahiko Miura, du restaurant Mizuki à Kyoto. Cinq saveurs : *kan* (sucré), *ku* (amer), *kan* (salé), *san* (aigre), et *shin* (épicé). Cinq couleurs : *aka* (rouge), *ao* (vert), *ki* (jaune), *shiro* (blanc) et *kuro* (noir). Enfin, cinq façons de cuisiner : *niru* (mijoter), *mus* (vapeur), *ageru* (frire), *yaku* (griller), et *nama* (cru). »

Si vous êtes un paysan, un seigneur ou même un moine zen, ces directives sont vraiment peu pratiques. Poétiques, certes, mais utiles ? « Écoutez, explique Miura, il y a environ huit cents ans, Dogen a écrit un essai intitulé *Tenzo Kyōkun*. Il était moine dans un monastère ; un *tenzo* est un cuisinier. Son essai est un guide sur la bonne façon de cuisiner, et encore aujourd'hui, le *Tenzo Kyōkun* est la bible de tous les chefs japonais. Aucun ouvrage ne s'en rapproche. Le *Tenzo Kyōkun* propose des lignes directrices et des règles qui ont encore du sens pour les cuisiniers professionnels dans le Japon moderne. Certaines de ces consignes sont spécifiques aux repas *kaiseki*[40], mais même cette philosophie de base est applicable à une culture dans laquelle les clients sont assis aux comptoirs et regardent les chefs faire griller du poulet ou servir des nouilles : « Le *tenzo* doit être présent, et faire attention au riz et à la soupe qui cuisent.

Cela est vrai, que le *tenzo* fasse le travail lui-même ou qu'il ait des commis pour l'aider à cuisiner ou entretenir les feux. Ne soyez pas désinvolte ou négligent simplement parce que les matières premières semblent simples, et n'hésitez pas à travailler plus assidûment avec des produits de qualité supérieure. »

Dogen a clairement indiqué qu'il est indispensable de bien réfléchir en cuisinant, de tenir compte de ce que vous faites avec les ingrédients et des personnes que vous nourrissez. Vous devez accepter que vous fassiez partie de la nature à travers la nourriture.

La plupart des Japonais n'utilisent pas cinq saveurs, cinq couleurs et cinq façons de cuisiner lorsqu'ils préparent un repas à la maison. C'est une approche raffinée et chronophage que l'on retrouve dans des environnements rares. Pour suivre Dogen avec précision, il faut aussi être très talentueux.

Si Dogen est toujours aussi important aujourd'hui, même pour ceux d'entre nous qui ne travaillent pas dans des cuisines de luxe ou qui ne dînent pas dans de tels restaurants haut de gamme, c'est parce qu'il a introduit et formulé des consignes. Ces lignes directrices nous encouragent à réfléchir à ce que nous mangeons et comment, et elles s'appliquent à de nombreux types d'aliments, et pas seulement à la cuisine nippone. Grâce à Dogen, nous sommes mieux à même d'observer, d'apprécier et d'accepter la nature.

À l'époque de Dogen, le régime alimentaire était principalement végétarien. Pour les moines et les seigneurs, cela se traduisait par exemple par un *shojin ryori* haut de gamme (l'approche végétarienne traditionnelle de la cuisine bouddhiste zen). Pour la plupart des autres, il s'agissait de légumes verts et de gruau.

(Les poissons et les espèces marines étaient souvent autorisés, si vous y aviez accès.)

Ce n'est qu'en 1872 que l'empereur Meiji a déclaré qu'il était permis de manger du bœuf, et alors que durant les siècles précédents, l'élevage de porcs et la chasse avaient été pratiqués, le régime quotidien des paysans restait simple. Il s'agissait, dans une large mesure, d'un régime de subsistance.

Lorsque vous mangez pour survivre, comme un paysan, ou même pour frimer, comme un seigneur, la nourriture n'est pas liée à la nature. Dans les deux cas, *vous* donnez un sens à la nourriture. Vous ne laissez pas la nourriture être vécue comme *elle* est censée l'être dans la nature. Vous imposez vos besoins et vos désirs.

Partout dans le monde, les gens associent la nourriture japonaise à des plats étonnants et onéreux, comme les sushis, à des repas de luxe, comme le *kaiseki*, et à de délicieux bols de *ramen*, d'*udon* ou de *soba*. Les circuits gastronomiques au Japon emmènent les clients étrangers dans des restaurants trois étoiles au Michelin, des restaurants fantastiques où sont servis des *yakitori*, *izakaya*, *yakiniku*, *tempura*, *soba*, *udon*, *tonkatsu* et des steaks haut de gamme, et où le dîner pour deux peut facilement coûter jusqu'à mille dollars. Mais la cuisine nippone, avant et pendant la période de Dogen, et jusqu'en 1972 environ, se composait d'aliments qui reflétaient une nation à divers niveaux de pauvreté et d'isolement.

Dans son ouvrage intitulé *La Transition alimentaire au Japon et ses conséquences**, le Dr Kazuhiko Kobayashi, coauteur et ancien professeur d'agriculture à l'université de Tokyo, décrit comment, tout au long de l'histoire du Japon, la nourriture est

* Non traduit en français (N.D.L.T.).

restée simple parce que le pays était à la traîne en matière de production agricole.

En 1920 encore, les Japonais avaient à peine assez à manger. Le Dr Kobayashi cite « les souvenirs d'Ihara Orinosuke », né en 1904. Ces souvenirs sont décrits dans *Mémoires de soie et de paille : autoportrait d'une petite ville du Japon**, un livre écrit par Junichi Saga : « Dans notre village, un repas composé d'un mélange de riz et d'orge, avec six volumes d'orge pour quatre de riz, aurait été considéré comme au-dessus de la moyenne. [...] Du poisson frais de rivière que nous n'avions presque jamais goûté dans la montagne où je vivais. [...] Nous ne voyions jamais de poisson de mer frais non plus, d'une année sur l'autre. Mais au Nouvel An, la plupart des familles achetaient un saumon salé, mais seulement après en avoir fait toute une histoire. »

On est bien loin de Jiro et de ses rêves de sushis !

Quoi, des sushis ? Il y a du gruau. Tu veux du gruau ? On a du gruau. Pas de sushi, pas de volaille, pas de porc, pas de bœuf[41].

Malgré l'engouement actuel pour le riz comme symbole du Japon et élément central d'une grande partie de la cuisine, le Dr Kobayashi cite des recherches montrant que « le riz n'est devenu l'aliment de base qu'en 1939 avec l'avènement du rationnement alimentaire ».

Le riz, écrit le Dr Kobayashi, était plutôt un *symbole* de « richesse, de pouvoir et de beauté » qu'un composant du régime alimentaire de la plupart des gens. Et peut-être parce que c'était un fantasme, sa place irréaliste dans l'imaginaire japonais en a élevé le sens. C'était le monde de Dogen : du gruau pour la plupart des ceux qui avaient la chance de vivre au-delà de leur trentième anniversaire et une nourriture luxueuse et riche pour

* Non traduit en français (N.D.L.T.).

les quelques chanceux qui contribuaient à conserver les conditions et les institutions responsables de la pauvreté généralisée.

Le Dr Kobayashi et moi avons dîné ensemble à quelques occasions lors de soirées froides et noires à Tokyo. Nous nous sommes assis sur des nattes dans un pub local près des bureaux de son université et avons discuté de saké et de poisson frais, de légumes cuits à la vapeur et de nouilles dans un bouillon chaud.

Le Dr Kobayashi est un homme timide et songeur, à la chevelure blanche, à la démarche rapide après des années de cyclisme pour se rendre au travail, au costume froissé et au sourire sournois. C'est un auditeur extraordinaire qui absorbe les mots et attend un certain temps avant d'exprimer ses opinions, qui sont généralement plus factuelles que subjectives. Actuellement, il fait des recherches sur la production de riz biologique au Japon, en Chine et au Vietnam.

Comme d'habitude, j'ai eu une bonne raison de rendre hommage à la simplicité de la nourriture japonaise et je lui ai dit combien j'appréciais la combinaison des saveurs, le lien entre la nourriture et la nature et l'absence globale de sauces. Je lui ai dit que j'aimais particulièrement les goûts très naturels : poisson cru sans fioritures, herbes des montagnes, produits de saison, tofu doux avec du gingembre râpé et une goutte de soja, etc.

Il a remonté ses lunettes sur son nez. Nous sommes restés assis en silence quelques instants.

« Le Japon était pauvre, a dit le Dr Kobayashi. La nourriture est simple car nous n'avons pas eu d'argent pendant des siècles. Le Japon était fauché ! »

Imaginez Dogen. Inventif, mais fidèle à la tradition, ancré dans ses habitudes grâce aux textes et aux prières, il arrive à créer des modèles de couleurs, de goûts et de modes de cuisson qui, huit cents ans plus tard, sont autant de façons de voir et d'être que beaucoup d'entre nous ont toujours en tête.

Même si j'ai travaillé pendant plusieurs années dans trois restaurants à Boston et à New York, je ne suis pas un cuisinier professionnel. À la maison, je cuisine des plats simples avec de bons ingrédients, en choisissant parmi une vingtaine de recettes que j'ai assimilées et que j'ai essayé d'améliorer.

Soir après soir, je cuisine des plats japonais, italiens et nord-américains, d'un *dashi* décent au *cacio e pepe* en passant par le thon grillé et les cheeseburgers.

Dogen m'aide à réfléchir à ma manière de cuisiner, à la lenteur ou à la rapidité de la cuisson, à la présentation des aliments dans l'assiette et à la façon dont ils sont préparés : *niru* (mijoter), *musu* (vapeur), *ageru* (frire), *yaku* (griller) et *nama* (cru). Prendre le temps de décider quoi préparer et comment, penser aux préférences de ceux que je nourris et à la manière de les servir signifie que je prends le temps de bien réfléchir – je me lie à la fois avec la nourriture et les gens pour qui je cuisine bien avant que la première bouchée soit avalée.

Cela signifie aussi que je considère la façon dont les animaux sont élevés et abattus et l'impact de ma consommation sur la nature. Je mange rarement dehors là[42] où j'habite. De plus, en cuisinant à la maison, je peux contrôler la quantité de sel et de sucre des plats[43].

Pour moi, m'intéresser à la nourriture, c'est essayer de comprendre qu'il ne s'agit pas que de moi. Le bien-être des animaux, l'impact environnemental, la santé physique, les salaires des employés, les implications culturelles et économiques de la prise de contrôle de restaurants haut de gamme et bas de gamme par des fonds privés, et la santé mentale des travailleurs de la restauration : toutes ces questions entrent en ligne de compte. On ne peut ignorer le contexte qu'à ses risques et périls.

Ne vous méprenez pas : je veux être bien nourri, et j'aime un bon *patty* jamaïcain ou un *cheesesteak* de Philadelphie. Je ne me tourne pas forcément vers les produits locaux ou les aliments biologiques expédiés du Costa Rica, même si je cuisine plus que jamais des plats végétariens. Le fait est que nous passons tous plus de temps à acheter et à préparer des aliments qu'à les manger. Alors, pourquoi ne pas ajouter d'autres facteurs à notre appréciation de ce qui se trouve dans l'assiette ?

Ce point de vue n'est pas unique, et quand on lit des gens comme Michael Pollan, c'est évident qu'il a une longueur d'avance sur moi dans sa compréhension et son expertise. Nous arrivons au même endroit en prenant des routes différentes.

Et si vous êtes enclin à apporter des changements encore plus concrets à votre cuisine maison, et qui vous rapprocheraient des traditions japonaises, ainsi que des réflexions et des émotions associées, pourquoi ne pas vous procurer des livres de cuisine qui vous montreront comment faire ?

J'ai quatre livres de cuisine japonais préférés.

*Japanese Cooking: A Simple Art**, by Shizuo Tsuji, avec une introduction de M. F. K. Fisher, grand critique culinaire. Ce classique met en évidence l'essence spirituelle de la nourriture. Fisher écrit : « Un effet immédiat de cette expérience intense [manger du *ryori* au Japon] est que lorsque je cuisine pour moi-même maintenant, je vais vers toujours plus de simplicité dans les sources de nourriture et dans la préparation, et lorsque je dois manger dans d'autres maisons ou restaurants, je trouve les plats lourds et trop assaisonnés, et les produits ne sont pas

* Non traduit en français (N.D.L.T.).

assez frais. » En plus des considérations philosophiques, le livre de Tsuji est facile à utiliser, et je m'y réfère chaque semaine.

Un autre excellent ouvrage est *The Japanese Kitchen**, de Hiroko Shimbo, qui propose des recettes étape par étape et faciles à suivre pour cuisiner à la maison.

*Washoku***, d'Elizabeth Andoh, est un livre encyclopédique aussi éducatif qu'utile. Aucun livre ne saisit mieux les sens profonds de la nourriture traditionnelle japonaise.

Le dernier livre que j'ai acquis est à la fois beau à regarder et à tenir : *Japon, la cuisine à la ferme*[44], de Nancy Singleton Hachisu. Si vous voulez comprendre comment préparer des plats réconfortants à la japonaise, en mettant l'accent sur les légumes, c'est le livre qu'il vous faut. Parmi les recettes, on trouve les papillotes de tofu grillé au gingembre et oignons verts, des jeunes oignons verts au miso et des *tempura* de légumes de montagne.

Dogen n'a pas inventé la cuisine réfléchie, mais comme il a proposé ses lignes directrices il y a longtemps, à une époque de pauvreté extrême, son travail est guidé par le besoin de se lier à la nature, d'utiliser le peu dont il disposait et *d'accepter notre place dans le monde grâce à une relation avec les ingrédients qui nourrissent notre vie.*

C'est une approche de la cuisine qui est d'autant plus remarquable qu'elle est née et a évolué dans un monastère plutôt que dans une école de cuisine, un restaurant ou une cour royale.

Dogen a été inspiré par la conscience de la brièveté de la vie, préoccupé par l'idée que nous étions coupés de la nature par nos chagrins, nos soucis, notre colère et nos déceptions. Pas assez pour manger ? La vie est trop courte pour les riches et les

* Non traduit en français (N.D.L.T.).

** Non traduit en français (N.D.L.T.).

pauvres ? Mangez en harmonie avec la nature. *Acceptez* ce que vous avez en en tirant le meilleur parti.

Dans le Japon d'aujourd'hui, très moderne et doté d'une richesse nationale extraordinaire, mais très récente, les preuves *irréfutables* des préceptes de Dogen sont rares. Vous pouvez faire l'expérience de la cuisine *shojin ryori*, l'approche végétarienne traditionnelle de la cuisine bouddhiste zen, dans les restaurants et les *ryokan* où les repas sont servis et consommés lentement et préparés avec le plus grand soin. Outre la précision et un ralentissement de la cadence, cette nourriture exige votre attention. Il convient d'observer la vaisselle utilisée, la façon dont chaque bol ou assiette est disposé sur une table, les mains d'un serveur déposant les plats, et d'ici que vous portiez effectivement des morceaux à la bouche, vous avez déjà été éloigné de la réalité et de ses stimuli sans aucun rapport avec l'acte même de manger.

Et puis, il y a aussi les repas *kaiseki* ultra-raffinés, rares et très chers. Vous n'êtes rien à côté de ce calmar luciole scintillant et translucide, et pas aussi indispensable que les herbes de montagne dénichées par le chef ce matin-là sous une couche de neige fraîche de fin de printemps. Au Japon, il faut des années et des années d'apprentissage, d'acceptation par ses mentors et de reconnaissance par ses pairs pour oser se déclarer chef *kaiseki* ou de *shojin ryori*. Peu de gens ont les compétences ou le courage d'y arriver. Souvent, un chef *kaiseki* est le dernier-né d'une famille qui possède un restaurant familial, remontant à plusieurs générations.

Comme ces repas sont habituellement très sophistiqués et coûteux, de nombreux Japonais n'en font pas l'expérience. Mais la nourriture que les Japonais mangent régulièrement et quotidiennement a un rapport avec les lois que Dogen a établies. Reconnaître les origines étrangères des *ramen* et *gyoza* (chinois), du *tempura* (portugais), du curry (indien) et du *yakiniku* (coréen), et comprendre les goûts des *yakitori*, *soba*, *sushi* et légumes à la vapeur, respecter les couleurs, varier les goûts et mettre l'accent sur la texture grâce à la méthode de cuisson, tout cela contribue à une meilleure prise de conscience de ce qui se trouve dans l'assiette. Cette prise de conscience peut inspirer une réflexion sur la provenance des aliments et la façon dont nous sommes liés à ces sources.

Au Japon, la prise de conscience que la nourriture fait partie de la vie quotidienne, et n'est pas uniquement un moyen de subsistance, commence très tôt. Bien entendu, si nous réfléchissions davantage à ce que nous mangeons et à la raison pour laquelle nous mangeons, et si nous institutionnalisions et systématisions cette prise de conscience, nos enfants seraient peut-être en meilleure santé.

Dans ce pays, une approche saine de l'alimentation se développe dès l'enfance, à l'école. Les déjeuners scolaires (appelés *kyushoku*) sont élaborés dans chaque préfecture par des nutritionnistes et des diététiciens. Ils sont mis en place dans les écoles primaires publiques. La plupart des collèges servent également des repas dans une cantine, mais dans les districts où le déjeuner n'est pas fourni, les parents doivent préparer des repas à la maison. Les élèves des lycées apportent leur repas ou en achètent en chemin dans des commerces de proximité ou sur des étals de vendeurs dans l'enceinte de l'école.

Les déjeuners scolaires sont ancrés dans les traditions culturelles nippones : « Le premier déjeuner scolaire au Japon a été instauré par un moine bouddhiste qui supervisait une école de Tsuruoka, dans la préfecture de Yamagata. L'idée d'offrir le déjeuner à l'école est née lorsqu'il a remarqué que de nombreux enfants défavorisés ne venaient pas à l'école avec des repas préparés à la maison. Ces premiers déjeuners simples étaient composés d'*onigiri* (boulettes de riz), de poisson grillé et de *tsukemono* (légumes marinés). Le succès du programme de cantine du moine s'est largement répandu. Rapidement, les écoles de tout le pays ont adopté l'idée et ont commencé à offrir des repas à leurs élèves. Du riz mélangé à de la viande et/ou des légumes, du poisson et des variétés de soupe miso sont devenus des aliments typiques que l'on retrouve sur les menus. »

Au Japon, les repas scolaires font désormais tellement partie intégrante de l'éducation d'un enfant qu'en 1954, le gouvernement a promulgué une loi sur les repas à l'école : « Le déjeuner scolaire a été reconnu comme un élément légitime de l'éducation des enfants, comme un outil de transmission pédagogique de connaissances sur la production alimentaire et les coutumes culinaires importantes », selon un article paru dans le *Japan Times* en 2015.

Lorsque j'ai demandé à mon amie Yumi, dont le mari est pédiatre, de me parler des déjeuners servis à la cantine dans son enfance et pour ses deux fils, elle m'a répondu : « Sache qu'en dehors du déjeuner servi, il est strictement interdit de manger, de mâcher et de boire à l'école, au moins jusqu'à la fin du collège. S'ils ont soif, ils doivent boire l'eau du robinet. Pas même un bonbon, pas même un morceau de chocolat, aucune boisson n'est tolérée. »

D'accord, mais que mangent *exactement* les enfants ?

Les menus varient d'une préfecture à l'autre, en fonction des saisons et des produits locaux : équilibre, fraîcheur et petites portions. *Nourishing Japan*, un site web qui se concentre sur les repas scolaires japonais, dresse une liste des repas scolaires typiques, qui comprennent invariablement une protéine (poisson, soja, poulet, foie), un féculent (nouilles ou riz) et deux légumes. Un déjeuner scolaire nippon est structuré, en partie, par couleurs. Le site Internet constate :

« Les Japonais ont imaginé leur propre méthode pour sensibiliser les enfants à leur alimentation… Ils les ont regroupés en trois catégories : rouge, jaune et vert. Ce classement est régulièrement inclus dans l'explication du menu du déjeuner scolaire :

ROUGE : Poulet, tofu, lait, hareng et algues

JAUNE : Riz, pomme de terre, farine, igname et mayonnaise

VERT : Carottes, racine de bardane, soja, chou chinois, concombre, daikon et champignons secs. »

J'ai pensé à Dogen et à ses couleurs.

« C'est vrai, Yumi ? C'est classique ? »

« Oui, a expliqué Yumi. Rouge pour les protéines, jaune pour les glucides et féculents, et vert pour les vitamines. Nous classons ces aliments selon leurs fonctions, à savoir les aliments qui renforcent notre corps (les protéines), les aliments qui génèrent de l'énergie (les glucides) et les aliments qui améliorent notre corps (les vitamines). Je me souviens que lorsque j'étais à l'école, à l'heure du déjeuner, on annonçait au haut-parleur le menu du jour et les nutriments que l'on pouvait tirer de tel ou tel aliment. »

Les déjeuners des écoles japonaises reposent également sur un autre principe : en dehors des allergies ou autres considérations médicales, Yumi m'a dit que les préférences alimentaires individuelles sont considérées comme un acte égoïste, donnant l'impression que la personne essaie de se démarquer plutôt que d'accepter sa place dans le groupe.

« Il faut également savoir qu'au début de chaque mois, ajoute-t-elle patiemment, le menu imprimé pour les semaines à venir est remis aux parents afin qu'ils sachent ce que leurs enfants mangeront à l'école chaque jour et ce qu'ils doivent préparer pour le dîner afin de compléter les apports nutritifs. »

Les familles, par cette pratique, deviennent une extension de l'école. Il y a moins de séparation : les enfants font inévitablement partie d'un système global destiné à montrer que, en tant que groupe à l'école et à la maison, les parents et les enseignants travaillent ensemble. (Que cela vous plaise ou non, les enfants !)

« Pour bien se comporter, il ne suffit pas de renoncer parfois aux aliments que l'on aime, il faut aussi manger ceux que l'on n'aime pas, écrit Gail Benjamin, célèbre anthropologue. La santé peut être améliorée par une telle pratique, mais la moralité l'est sans aucun doute. L'égoïsme est déraciné, la sincérité et la coopération affichées et acquises. »

Bien au-delà de l'enfance, les Japonais continuent de penser à la nourriture jusqu'à l'âge adulte en cataloguant soigneusement ce qui se trouve dans leur assiette, ce qui donne un nouveau sens à la phrase « Vous êtes ce que vous mangez ». Comme d'autres pays et d'autres religions, la culture nippone reconnaît que la nourriture est une forme d'appartenance, une sorte de tribalisme et de démonstration d'appartenance.

Les deux termes utilisés au Japon pour désigner la nourriture consommée sont *yoshoku* et *washoku*. Robb Satterwhite, écrivain spécialisé dans l'alimentation et ami de longue date, dont le site web, bento.com, est l'une des meilleures sources d'information sur la nourriture au Japon, m'a dit : « Le mot *yoshoku* est extrêmement ambigu et dépend fortement du contexte. Personnellement, je ne l'utiliserais que pour désigner la cuisine très spécifique servie dans des restaurants *yoshoku* japonais, qui propose du riz au curry, des omelettes de riz frit, des steaks de Hambourg et des crevettes frites. »

Washoku quant à lui est un terme utilisé pour définir la nourriture « purement » japonaise. Le *washoku* est si important pour la cuisine en général que l'UNESCO l'a inscrit en 2013 sur la liste représentative du patrimoine culturel immatériel de l'humanité. L'UNESCO définit le *washoku* comme « une pratique sociale basée sur un ensemble de savoir-faire, de connaissances, de pratiques et de traditions liés à la production, au traitement, à la préparation et à la consommation d'aliments. Il est associé à un principe fondamental de respect de la nature étroitement lié à l'utilisation durable des ressources naturelles. »

Plutôt vague, non ? Et je me demande ce que Dogen ferait. Mais ce qu'il apprécierait probablement, si j'ose essayer de deviner ce que penserait un moine bouddhiste zen qui a vécu il y a huit cents ans, c'est qu'une cuisine qui a un « respect de la nature étroitement lié à l'utilisation durable des ressources naturelles » est un critère important.

Inspirez-vous du *washoku* comme d'un principe de Dogen, et appliquez-le à votre propre manière de cuisiner ; faites preuve de respect pour la nature dans ce que vous mangez. Oui, les couleurs, les goûts et les méthodes de cuisson sont essentiels, et leur signification est renforcée lorsqu'ils sont compris dans le contexte du respect et de la durabilité.

Cuisiner et manger des aliments qui accentuent votre conscience de la nature et vous aident à accepter votre place a un effet réparateur et apaisant. Vous pouvez alors commencer à comprendre qu'il ne s'agit pas de vous, ni même de la nourriture : il s'agit de prendre conscience de la nécessité d'accepter la brièveté de la vie et de la manière dont la nourriture accélère notre déclin tout en nous permettant de survivre.

Une approche réfléchie vaut également pour le sucre, le sel, les calories et le mode de vie.

Selon les professeurs Vaclav Smil et Kazuhiko Kobayashi, dans le livre *La Transition alimentaire au Japon et ses conséquences**, « l'approvisionnement en sucre du Japon est resté très faible par rapport aux autres nations riches et à certains pays à faible revenu. [...] Le Japon est toujours le pays riche qui tire le moins d'énergie alimentaire du sucre ».

Même s'il est impossible d'attribuer à Dogen tout le mérite des qualités positives de l'alimentation dans le Japon moderne, depuis les repas scolaires sains et équilibrés jusqu'à l'accent mis dans de nombreux foyers sur une cuisine de saison, le moine a lancé le mouvement en écrivant un livre qui demande aux gens de réfléchir à ce qu'ils mangent et de considérer les implications spirituelles de leur mode d'alimentation. Enfin, et c'est peut-être le plus important, souvenons-nous de l'objectif de Dogen.

Il vivait à une époque où tout était à peu près déterminé dès la naissance. Les espérances des gens ordinaires, dans la mesure où l'on osait espérer, étaient centrées sur la survie.

Dogen a créé des règles importantes et précises, qui existent encore et aujourd'hui et que nous pouvons appliquer à notre vie.

En établissant des catégories d'aliments selon une méthodologie basée sur la couleur, le goût et la cuisson, il a rompu l'isolement de l'individu. Il a créé des expériences partagées, qui contribuent largement à la notion d'acceptation au sein d'une communauté et de la nature.

* Non traduit en français (N.D.L.T.).

Il a concentré son attention et ses efforts sur les autres et sur l'observation. Son livre n'est pas un recueil élitiste, comme ceux d'Auguste Escoffier, et il ne pointe pas précisément ce qu'il faut manger. L'idée était – et reste – de réfléchir à la façon dont vous cuisinez, au choix de la cuisson, des couleurs et des goûts, et de savoir que de nombreux plats peuvent naître entre vos mains, peu importe où vous vivez ou qui vous êtes. Il suffit de penser, d'anticiper et de respecter le principe que le fait de manger, *par son caractère basique*, nous rapproche de la nature et des uns des autres.

Après tout, n'est-ce pas ce que Dogen ferait ?

Chapitre 13

COMMENT PRENDRE UNE DÉCISION

Comme beaucoup, je trouve souvent qu'il est extrêmement difficile de prendre des décisions.

M'asseoir devant un écran vide et chercher sur quel sujet je vais pouvoir écrire une ou deux pages est une tâche qui peut me prendre des semaines. Je me réconforte en disant qu'au moins je suis là, que je pense au travail et que la douleur, la terreur et la honte d'être indécis font partie du processus de décision.

Ce genre de méthode fonctionne un certain temps. Ou pas.

Même quand ça ne marche pas, je peux toujours me dire que personne ne me force à le faire et que c'est la vie que j'ai choisie.

Je me repose aussi sur un tas de citations ou de proverbes qui m'aident à constater que je ne suis pas seul. Ces phrases m'aident à me sentir comme faisant partie d'un groupe, accepté par ses membres, et à réaliser que d'autres sont confrontés à des défis similaires et bien plus difficiles et douloureux. Mes batailles ne sont pas uniques ; je ne suis pas important. De plus, les citations se concentrent sur le travail plutôt que sur la personne qui fait le travail. Elles m'aident à accepter la situation.

Les étudiants et les familles japonaises affichent chez eux et à l'école toute une série de citations, de prières, de dictons et de préceptes destinés à inspirer et à créer un sentiment de cohésion de groupe.

Yuki Kojima, une amie japonaise qui vit maintenant à Boston, m'a appris plus sur ces dictons que ce que je savais jusqu'alors.

Entre deux visites de *sake kura* (brasseries de saké) dans différentes préfectures, Yuki fait entrer la culture nippone dans cette ville.

« Certaines personnes au Japon ont un parchemin suspendu pour afficher des mots calligraphiés, m'a-t-elle dit. Ils ne sont pas forcément là pour vous remonter le moral, mais plutôt pour vous faire réfléchir. J'ai vu des calligraphies de *ichigo-ichiei* ou de *shikisoku zeku* sur les murs de maisons nippones, par exemple. »

Imaginez une maison américaine avec un décor comparable : « Maintenant ou jamais » ou « Vivant aujourd'hui, mort demain », vous aurez une idée précise de l'immense différence entre les deux cultures.

Ichigo-ichiei signifie que ce qui se passe maintenant ne va pas se reproduire, en tout cas pas de la même manière, et que c'est donc une très bonne idée de se plonger dans le présent et d'y être pleinement attentif.

Quant à *shikisoku zeku*, selon le site web Form Is Itself Voidness, le terme « indique l'idée que toutes les choses, y compris la matière, l'esprit humain et les événements, proviennent de la même source. Bien que ces choses semblent être différentes les unes des autres aux yeux de l'homme, leur état réel est équivalent. Lorsqu'elles sont analysées au plus haut point, toutes les choses sont égales parce qu'elles sont des énergies (forces) d'un certain type. [...] En bref, tous les phénomènes sont produits à partir d'un même type d'énergie ou de force ».

Adopter ce point de vue signifie que nous imposons nous-mêmes les différences qui nous séparent de la nature et des uns des autres.

Pourtant, la réalité c'est que nos origines (et notre déclin) sont les mêmes. L'égalité devrait être un soulagement, une manière d'accepter que *nous sommes séparés de la nature pour bien moins de temps que nous en ferons partie*, et ainsi, nous sommes littéralement liés les uns aux autres.

Yuki m'a aussi parlé des bannières que les étudiants au Japon suspendent dans les dortoirs de leurs résidences.

Ganbare 頑張れ (Bonne chance !)

Hisho 必勝 (Victoire certaine)

Tout comme les dictons à la maison, les slogans qui motivent les étudiants ne traitent pas de sujets égoïstes. *Bonne chance* et *Victoire certaine* valent pour tout ceux qui lisent ces mots. Ce n'est pas : « Donne tout ce que *tu* es », « Sois la meilleure version de *toi*-même », ou encore « Si *tu* en rêves, *tu* peux le réaliser » ou « *Yes, you can* ».

Yuki a également mentionné un poème de Kenji Miyazawa, écrit en 1931 et qui, selon elle, « est appris par tous les élèves japonais au collège. »

雨ニモマケズ
風ニモマケズ
雪ニモ夏ノ暑サニモマケヌ
丈夫ナカラダヲモチ
慾ハナク
決シテ瞋ラズ
イツモシヅカニワラッテヰル
一日ニ玄米四合ト
味噌ト少シノ野菜ヲタベ
アラユルコトヲ
ジブンヲカンジョウニ入レズニ
ヨクミキキシワカリ
ソシテワスレズ
野原ノ松ノ林ノ蔭ノ
小サナ萓ブキノ小屋ニヰテ
東ニ病氣ノコドモアレバ
行ッテ看病シテヤリ
西ニツカレタ母アレバ
行ッテソノ稲ノ束ヲ負ヒ
南ニ死ニサウナ人アレバ
行ッテコハガラナクテモイヽトイヒ
北ニケンクヮヤソショウガアレバ
ツマラナイカラヤメロトイヒ
ヒデリノトキハナミダヲナガシ
サムサノナツハオロオロアルキ
ミンナニデクノボートヨバレ
ホメラレモセズ
クニモサレズ
サウイフモノニ
ワタシハナリタイ

Invaincu par la pluie
Invaincu par le vent
Au corps puissant luttant contre la neige
Et la chaleur estivale
Sans avidité
Sans colère contre personne
Souriant toujours gentiment
Manger quatre bols de riz complet de miso chaque jour
Avec des légumes
Faire passer les autres avant soi
Écouter bien et comprendre
Sans se laisser distraire
Vivre dans une petite cabane au toit de chaume
Dans l'ombre des pins au milieu du champ
Quand un enfant est malade à l'est
Aller prendre soin de lui
Quand une mère est épuisée à l'ouest
Aller porter pour elle ses bottes de riz à planter
Quand une personne meurt au sud
Aller lui dire qu'elle ne doit pas avoir peur
Quand une dispute ou un procès éclate au nord
Aller leur dire de ne pas perdre leur temps
En temps de sécheresse
Verser des larmes
Dans le froid de l'été
Errer sans but
Être appelé bon à rien
Ne recevoir aucune louange
Ne recevoir aucune plainte
Une telle personne
*Je veux devenir.**

* Traduction libre de la traductrice, à partir de la traduction en langue anglaise de Yuki Kojima (N.D.L.T.).

Les vers tels que « Faire passer les autres avant soi/Écouter bien et comprendre » montrent une voie pour sortir de la solitude. En plaçant les besoins des autres avant les siens, en écoutant, en tentant de comprendre, vous vous préoccuper des relations plutôt que de votre satisfaction personnelle. Il n'est même pas question de bonheur.

Les vers tels que « Quand une mère est épuisée à l'ouest/Aller porter pour elle ses bottes de riz à planter [...] Quand une dispute ou un procès éclate au nord/Aller leur dire de ne pas perdre leur temps » montrent précisément ce qui devrait et doit être fait afin de devenir une meilleure personne. Ces actions recommandées prouvent aussi qu'une communauté existe grâce à des causes communes et un réseau de relations.

Puis, encore une fois, « Aller leur dire de ne pas perdre leur temps » suggère d'aider les autres, le poète montre comment apaiser les conflits, et explique que les autres vont peut-être écouter son conseil.

En acceptant l'importance de l'empathie, en reconnaissant la valeur de la communauté et en faisant passer les besoins des autres avant les siens, on devient une personne meilleure et plus déterminée. Les décisions sont basées sur la manière dont elles profitent aux autres, et non sur la recherche du bonheur personnel de prendre une décision, ce qui est considéré comme égoïste.

Que les enfants japonais âgés de douze à quatorze ans soient obligés de mémoriser ce poème signifie qu'ils ont en tête des mots qui pourront les guider pendant l'adolescence. Ce ne sont pas des mots magiques, ils ne marchent pas forcément, mais ils servent à leur rappeler que l'égoïsme naturel de l'être humain n'est pas l'objectif.

Voici l'objectif : « Ne recevoir aucune louange/Ne recevoir aucune plainte/Une telle personne/Je veux devenir. » Des conflits internes tels que « Qui suis-je ? », si typiques de l'adolescence, sont en partie résolus : Je suis quelqu'un qui prend soin des autres, qui fait partie d'une communauté, qui se sent protégé en sachant que les autres membres de la communauté prendront soin de moi si j'ai besoin de leur aide, et qui est capable d'améliorer les choses.

Reconnaître que les valeurs du groupe sont plus importantes que les siennes contribue au bien-être des Japonais grâce à des systèmes et des institutions qui se concentrent sur les infrastructures publiques, les soins de santé publics, l'égalité dans la répartition des richesses et l'accès aux soins médicaux. Le développement et le maintien de ces systèmes et institutions sont en partie le résultat d'une approche qui privilégie les groupes. Cette perspective commence dès le plus jeune âge et se poursuit tout au long de l'enfance et de l'adolescence. Elle est basée sur l'acceptation de la vulnérabilité et sur le besoin profond des individus de faire quelque chose pour y remédier.

Comment votre décision affecte-t-elle les autres ?

J'ai huit citations ou dictons épinglés sur mon tableau d'affichage, qui se trouve à environ un mètre de mon bureau, qui me suit depuis des décennies et que je regarde tout le temps.

Voici une citation d'Anna Akhmatova qui m'aide à prendre des décisions :

Un jour, quelqu'un dans la foule m'a reconnue. Derrière moi se tenait une femme aux lèvres bleues de froid qui, bien sûr, n'avait jamais entendu personne m'appeler par mon nom auparavant. Elle a alors quitté la torpeur commune à nous tous et m'a demandé en chuchotant (tout le monde chuchotait ici) : « Pouvez-vous me décrire ceci ? »

Et j'ai répondu : « Je peux. »

*Alors ce qui ressemble à un sourire est passé furtivement sur ce qui avait autrefois été son visage.**

Akhmatova était une célèbre poètesse russe, et elle décrit là l'époque où son fils Lev a été détenu dans la prison de Kresty (dans ce qui était alors Leningrad) sur ordre de Staline pendant près d'un an et demi. Chaque jour, elle se tenait là à attendre des nouvelles, aux côtés des centaines d'autres dont les pères, les maris et les fils avaient été emprisonnés pour des raisons politiques.

Lev était-il mort ? Lev était-il vivant ? Pas un mot. Vous imaginez si Lev était votre enfant ?

Parce qu'elle était célèbre, les gens l'ont reconnue et l'ont approchée dans l'espoir que son autorité littéraire soit un pansement, un baume.

Si Akhmatova avait décidé de décrire ce qu'*elle* ressentait, la douleur dans laquelle *elle* était plongée, l'impossibilité de cette introspection aurait pu la submerger.

Comment peut-on *d'abord* penser à la souffrance individuelle alors que d'autres souffrent aussi ?

La description qu'Akhmatova fait de sa situation tragique et de son courage extraordinaire m'aide à comprendre que mes décisions, insignifiantes en comparaison, font partie d'une quête plus grande pour devenir un être humain décent.

Les personnes que j'évalue n'ont souvent pas les mots pour décrire leur vie, elles souffrent trop, mais peut-être, puis-je le faire pour elles. Je dispose d'innombrables exemples de ce privilège d'être suffisamment digne de confiance pour entendre des

* Traduction libre (N.D.L.T.).

confidences, toujours conscient de ne pas être à la hauteur, de ne pas comprendre suffisamment, ou même de ne pas comprendre du tout, mais au moins je n'ai pas peur, comme la plupart des autres dans la vie, de cette personne que j'évalue, d'entendre la terreur permanente, et je tente pour nous deux de la mettre en mots ou de l'accepter par un silence partagé dans une pièce commune, même brièvement.

Et puis, quand j'écris, j'essaie de créer et de documenter ce qui pourrait être important pour les lecteurs qui partagent mes doutes et mes appréhensions, mais qui n'ont pas encore les mots pour le dire. J'ai l'impression d'avoir un but ou une mission qui n'a rien à voir avec moi. Je ne suis que le messager. Ce type de pensée inclusive et empathique aide à prendre toutes sortes de décisions. J'essaie d'éviter les modes de pensée du type « eux contre nous », « vrai ou faux », « la meilleure façon de faire », toujours à ergoter, ou « c'est comme ça et c'est tout ».

Quand on comprend que l'acceptation des besoins du groupe prime, de nouveaux horizons de prises de décision innovants s'ouvrent avec les autres. Si vous vous soustrayez de la situation, vous avez déjà fait la moitié du travail. Dans n'importe quelle situation, de la plus banale à la plus sérieuse, j'estime que se demander « Comment allons-*nous* résoudre ce défi ? » est un très bon point de départ.

Il ne s'agit plus d'un problème, mais d'un défi. Et, plus important encore, vous y faites face ensemble, vous êtes dans le même camp. L'idée qu'on puisse travailler à deux pour surmonter le même défi montre que vous êtes ouvert à la résolution des problèmes, que vous prenez en compte les opinions de l'autre personne, et que peut-être même, vous partagez les mêmes objectifs.

Quand cela ne fonctionne pas, et que la situation s'enlise, une autre manière de prouver que vous-même et votre potentiel adversaire faites partie du même groupe, plutôt que d'être des individus séparés, consiste à dire : « Si vous étiez à ma place, que feriez-vous ? »

Si cette question débouche sur une conversation détaillée, lentement, avec beaucoup d'observations et d'empathie, la personne avec qui vous êtes en conflit *pourrait* réussir à comprendre votre point de vue. Elle ne suggérerait pas forcément une solution qui vous convient, mais au moins, maintenant il est possible qu'elle comprenne et même accepte la validité de votre position. Et quand vous vous mettez à sa place, et énoncez ce que vous feriez, vous êtes plus à même de saisir *son* point de vue.

Une troisième question très utile pour prendre une décision ajoute un élément d'analyse fondamental : « Comment avez-vous réussi à surmonter de tels défis dans le passé ? » Qu'est-ce qui a marché, et qu'est-ce qui n'a pas marché ? Il est probable que le problème devant vous ne soit en rien unique, et quand d'autres personnes y ont été confrontées, des approches différentes ont été testées, jusqu'à résolution.

Les meilleures décisions sont souvent celles que l'on prend en suivant les trois stratégies que j'ai découvertes au Japon :

Prenez en compte l'effet de votre décision sur les autres.

Demandez-vous si la meilleure décision ne serait pas de repousser la prise de décision.

Soyez véritablement conscient de l'origine des pensées et des émotions associées à la décision.

Ces tactiques de prises de décision, dans un contexte public ou privé, inspirées par l'esprit de cohésion de groupe, l'acceptation des autres et l'altruisme, permettent de réduire le stress et la solitude. David Creswell et Emily Lindsay, deux psychologues qui ont étudié l'influence de la solitude et la douleur qu'elle induit, ont conclu que « les sujets éduqués à l'acceptation et l'équanimité étaient significativement plus sociables ».

L'acceptation des autres, la prise de conscience de la douleur qu'ils vivent, est cruciale dans le processus de prise de décision.

Chapitre

14

LIRE DANS L'AIR

À un étage élevé d'un hôtel chic, Shinji s'était installé dans un fauteuil d'un salon tamisé, donnant sur les douves et les vastes jardins du Palais impérial de Tokyo. Le soleil se couche, c'est la fin du mois de novembre, et je suis assis à côté de mon vieil ami.

Un barman qui semblait bien ne jamais lever les pieds du sol, glissant vers nous depuis le comptoir, venait de nous servir d'immenses bières. Un disque d'Oscar Peterson joue doucement en fond, à peine audible, mais si nous tendons l'oreille, l'air de Gershwin est reconnaissable : « *I was doing all right.* » Après avoir trinqué – « Santé ! » – nous nous sommes calés dans nos sièges au même moment pour regarder par la fenêtre recouvrant tout un côté de la salle, et offrant une vue panoramique. Le salon était vide, et même si nous ne nous voyons qu'au mieux une poignée de fois par an, aucun de nous ne parle.

Shinji est un célèbre critique culinaire.

Nous avons passé la journée à manger, mais n'avons pas beaucoup parlé, si ce n'est de nourriture : qui l'a préparée, d'où elle vient, comment la manger, etc. J'ai failli m'embrouiller avec lui la veille dans un nouveau restaurant qui fait fureur et qui s'appelle *Den*. Je n'arrivais pas à finir mon riz.

« S'il te plaît, mange tout ton riz ! C'est une insulte envers le chef que de laisser ne serait-ce qu'un seul grain, avait-il chuchoté. Je vois que tu es repu, mais s'il te plaît, fais-le pour moi. Je suis un habitué ici et je veux pouvoir revenir. Franchement, je ne dirais pas ça à un autre Occidental, mais je sais que tu comprendras pourquoi c'est important. Fais-le, c'est tout ! »

Il y a beaucoup de choses que je veux lui dire *maintenant*, des questions à lui poser, mais le silence ne l'autorise pas.

Je lève les yeux vers Shinji : il a toujours ce sourire béat. Avec ses cheveux teints en orange et son large visage arrondi, il me rappelle le chat du Cheshire.

Lorsque j'ai commencé à venir au Japon il y a une vingtaine d'années, le silence dont je fais maintenant partie avec Shinji était déconcertant. Alors, je gigotais. Je me demandais ce que je devais dire. Je pensais que je faisais quelque chose de mal, que je ne comprenais pas certaines références culturelles, que je ne me conformais pas à l'étiquette japonaise.

Maintenant, j'en sais plus, et je sais mieux.

Le silence est l'étiquette. Nous nous imprégnons de notre environnement, nous accueillons les choses, nous apprécions les sons feutrés d'un piano, nous regardons le ciel s'assombrir. Et tout aussi important, notre amitié de longue date autorise cela et crée le bon tempo et l'atmosphère qui permettent de rejoindre le monde qui nous entoure.

Je ne suis donc pas surpris lorsqu'au bout de vingt minutes, Shinji dit : « C'est tellement agréable d'être ici maintenant. »

C'est tout, en dehors d'une inclinaison de ma tête.

Je repense aux moments passés au Japon les plus mémorables pour moi. Encore et toujours, ce sont ceux où je m'assois avec des amis en silence, souvent plus satisfaisants que ceux où on parle.

Chaque fois, c'était comme rencontrer la personne pour la première fois, grâce à notre attention mutuelle, mais en même temps, les observations étaient approfondies par des années et des années de familiarité.

Jiro et moi buvons un café dans le salon de son *ryokan* en plein hiver. J'ai fini mon petit déjeuner, je suis allé aux sources chaudes et je suis prêt à passer la journée avec lui, à interviewer les agriculteurs et les artisans qui fournissent des produits au *ryokan*, du riz à la sauce de soja, des œufs à la laque, jusqu'au papier fait d'écorce d'arbre, aux bols en bois et aux baguettes. Les interviews seront publiées dans une brochure que Jiro utilisera pour promouvoir son domaine et l'offrir aux invités. J'attends de connaître notre planning, ce qu'il a prévu – après tout, nous n'avons que cinq jours pour tout faire et vingt personnes à rencontrer.

Mais pas un mot.

On nous a donné à chacun une minuscule cafetière à filtre remplie d'eau chaude et de café fraîchement torréfié d'origine cubaine. Je sais qu'il vient de Cuba, car avant que Jiro n'arrive au salon, Hiroshi, notre barista, m'a décrit avec des détails exceptionnellement précis le moindre élément qu'il connaît sur ces grains, à tel point que j'ai presque eu l'impression que le café avait pour lui un sens caché bien plus profond.

Hiroshi perçoit mes pensées sans que je prononce un seul mot, rit timidement et dit : « Je sais, je suis parfois un peu *otaku.* »

Otaku est un terme utilisé au Japon pour désigner les personnes qui sont tellement prises par leur passion que parfois leur perspective irréaliste peut mener à un mode de vie peu réaliste. Comme ce type qui dirige *Zoetrope*, un minuscule bar de Tokyo qui possède des centaines de bouteilles de whiskies japonais rares. Ou ces jeunes hommes un peu étranges qui se mêlent à la foule, en plein district d'Akihabara, déguisés en leurs personnages d'*animés* préférés.

« Non, Hiroshi, je réponds, vous n'êtes pas *otaku*. Vous aimez simplement parler de café. »

Il s'incline légèrement et dit, peut-être avec une pointe d'ironie : « Merci de votre compréhension. »

Jiro enlève ses lunettes à la belle monture dorée, les replie de sorte que le métal émette un doux bruit presque musical, et ferme les yeux. Quand il les rouvre, il me dit tout bas, presque en chuchotant : « Avant de commencer, je veux juste te dire à quel point j'apprécie cette chance pour nous deux de travailler ensemble. »

Je connais l'étiquette, le script de notre conversation, et donc je réponds, après environ quinze secondes et une grande inspiration :

« Je veux te remercier de la confiance que tu me portes pour faire ce travail avec toi. Je ferai de mon mieux.

– Merci », me dit-il, en inclinant la tête vers l'avant.

Puis, encore du silence, jusqu'à ce que Jiro ouvre un porte-documents en cuir usé, ses initiales au pochoir en lettres dorées juste au-dessus du fermoir central. Il en sort une pochette en plastique transparent et pose sur la table basse entre nous des copies du programme de la journée. Il m'indique chaque rendez-vous, en précisant le nom, le lieu, ainsi que la durée précise prévue pour l'entretien.

Il dit : « On y va ? »

Et on y va.

La discussion – ce qu'il faut demander aux artisans, ce qu'il espère en termes de travail, comment cette brochure sera agencée – se déroule sans bruit. Même les quelques e-mails que nous avons échangés avant ce matin étaient vagues. Mais, croyez-moi, je comprends : je vois bien d'après ses gestes, et par-dessus tout *sa confiance*, que nous partageons les mêmes objectifs.

Nous vivons un peu de *kuuki wo yomu*, qui signifie « lire dans l'air » ou sentir et accepter les pensées et les sentiments de l'autre personne.

Au Japon, le silence n'est pas réservé aux amis. Les procès au civil ne sont pas fréquents, et les juges des tribunaux civils sont connus pour reprocher à la fois au plaignant et au défendeur de ne pas avoir réussi à régler le litige sans impliquer le système judiciaire.

Les deux parties sont considérées comme responsables de leur incapacité à accepter et à résoudre les problèmes entre elles. Ce serait une bonne approche à adopter davantage aux États-Unis, pays qui figure parmi les cinq pays les plus procéduriers du monde, juste derrière, dans l'ordre, l'Allemagne, la Suède, Israël et l'Autriche[45].

Les pays occidentaux sont déconnectés en matière de résolution des conflits, et l'approche du Japon, qui évite les conflits, offre une solution : si vous pouvez observer les points de vue des autres, voir les choses comme ils les voient, penser un peu plus comme eux pourraient penser en plus de ce que *vous* pensez, et sentir ce qu'ils ont dans le cœur, tout cela pourrait pour le moins atténuer *votre* colère, *vos* besoins et *votre* frustration. Et une fois que vos défenses sont affaiblies, il est fort probable que vous réussissiez à envisager une solution acceptable pour toutes les parties concernées. Les Japonais ont recours à cette stratégie d'évitement des conflits dans leur vie quotidienne. Les entreprises s'inspirent de cette tradition culturelle[46].

La stratégie d'évitement des conflits n'est pas la bonne dans toutes les situations, mais c'est agréable de savoir qu'elle reste une option : En cas d'urgence, ne cassez pas la vitre.

Un des meilleurs livres qui explique en détail les « valeurs et vertus » de la compréhension à la japonaise, et la façon dont cette manière d'être contribue à résoudre les conflits interpersonnels, est *Japaneseness**, de Yoji Yamakuse, le nom de plume de Hiroshi Kagawa. Il écrit : « Les Japonais réussissent à se faire comprendre avec très peu de mots. Éviter les conflits, être attentif aux autres, créer une base de coopération mutuelle : voilà les fondations de l'approche nippone. »

Une conséquence de cette approche différente de la vie est que les *chances* de fonder un groupe qui protège et accepte chacun en son sein augmentent considérablement. Le temps nécessaire pour réfléchir à ce qui est le mieux pour le groupe peut contribuer à réduire les tensions.

Yamakuse décrit le *sukoshi ma o oite*, qu'il définit comme « prendre une petite pause » et qui se dit entre individus avant qu'une situation ne dégénère. « Même au cours d'une simple conversation, écrit Yamakuse, les Japonais aiment faire des pauses, laissant la place à des périodes de silence. » Pendant ces « périodes de silence » beaucoup de choses se passent, même si on ne voit ni n'entend rien. Yamakuse mentionne la force intérieure : *ki*, qu'il décrit comme « une énergie invisible », et la relation entre *ki* et *sakki*, « la perception du danger. »

Pendant ces moments de silence, l'énergie circule entre les personnes. « De cette manière, la personne peut désormais vous communiquer son message sans utiliser de mots, écrit-il. Ça ressemble à ce qu'on voit dans les films ou les BDs et pourtant...

* Non traduit en français (N.D.L.T.).

au Japon, on s'attend à ce que chacun sache exprimer ses sentiments aux autres sans mot dire. »

Quand j'ai rencontré Yamakuse dans son bureau de Tokyo, il m'est apparu à la fois timide et sûr de lui – un auditeur de première classe qui, tandis que nous sirotions du thé vert bien chaud dans de minuscules tasses en céramique, apportées sur un petit plateau par un de ses assistants, m'a paru capable de lire en moi sans que j'aie besoin de dire grand-chose.

Il faisait froid dehors, en ce début décembre. Nous avons parlé de la complexité des interactions interpersonnelles, à l'Est comme à l'Ouest. Yamakuse est consultant pour des entreprises nippones et occidentales, et les conseille pour conclure des affaires. Pour s'intégrer culturellement. Pour s'exprimer dans un contexte occidental pour les Japonais, et pour que les Occidentaux parviennent à se faire comprendre au Japon.

Mais ce sont les silences entre nous qui nous ont permis d'échanger quelques mots, parlant de nos familles même si nous venions juste de nous rencontrer. Je pense seulement que nous nous acceptions un peu l'un l'autre.

Chapitre 15

LA SATISFACTION

Nous vivons dans un pays où le bonheur personnel est considéré comme un droit fondamental. Raison pour laquelle on le trouve dans la Déclaration d'indépendance !

Nous tenons ces vérités comme évidentes : que tous les hommes sont créés égaux ; qu'ils sont doués par le Créateur de certains droits inaliénables ; que parmi ces droits se trouvent la vie, la liberté et la recherche du bonheur.

Rien d'étonnant à ce que tant de gens veuillent venir vivre ici. Combien de pays ont été fondés sur le droit inaliénable à rechercher le bonheur ?

Les hommes qui ont écrit ces mots en 1776 pensaient évidemment à leur droit inaliénable à rechercher le bonheur, et ils se sont sans aucun doute convaincus qu'ils allaient dans le bon sens. Qu'importe le malheur des esclaves et des affranchis – ce n'était pas leur problème. Mais est-ce vraiment trop de suggérer que ces fondateurs d'une nouvelle nation auraient pu être plus *satisfaits* dans une société où ces droits inaliénables ne leur étaient pas réservés ? Imaginez alors quel pays aurait pu être construit.

Grâce à l'aide de psychothérapeutes, de la psychopharmacologie, de coaches de vie, d'entraîneurs personnels, de livres de développement personnel, d'ateliers de pleine conscience et de tout un éventail de techniques, les Occidentaux avancent, encore une fois, dans la recherche du bonheur. Nombre de ces approches sont immensément utiles – pourquoi ne pas être heureux ?

Mais pourquoi ne pas aller *au-delà* du bonheur ?

Peut-être parce que cette sensation agréable de bonne estime de soi que vous avez éprouvée après votre cours de yoga, et que vous espériez voir durer toute la journée, a soudainement disparu au feu rouge. Vous ne savez pas vraiment pourquoi à cet instant vous ressentez des vagues de tristesse, d'inquiétude, de malaise. Un vide, une impression de ne pas vous intégrer, d'être inutile. Est-ce que ça pourrait être lié au fait de voir un autre être humain à la fenêtre ?

Cette femme tient une pancarte en carton entre les mains, sur laquelle on lit « SANS ABRI, J'AI FAIM. JE SUIS SOBRE. AIDEZ-MOI ! »

Le feu passe au vert, et vous reprenez la route.

Le bonheur n'est pas juste personnel. La satisfaction exige la prise de conscience de la vie des autres. Ne pensez-vous pas que si votre communauté est pleine de vie et bien entretenue, un sentiment plus durable et complet de bien-être finira par faire partie de votre identité et de votre conscience de soi ?

L'*ukeireru* est une forme de conscience des autres et une acceptation de leurs vulnérabilités. L'*ukereiru* soulage la tension née de la croyance que la poursuite du bonheur est la clé du bien-être. Assez ironiquement, c'est même l'inverse : quand nous acceptons les autres et que nous nous sentons liés à eux, davantage de possibilités de bien-être jaillissent.

Notre identité, qu'on pense être personnelle, est en fait établie et préservée par les personnes qui nous entourent et leur mode de vie. Peut-être que les rédacteurs de la Constitution ne se seraient pas limités à la recherche du bonheur s'ils avaient reconnu leur responsabilité dans les injustices causées, perpétuées et institutionnalisées par eux-mêmes, et qui ont contribué à leur malheur et leur quête.

Que nous en soyons clairement conscients ou non, quand d'autres êtres humains souffrent, nous ne pouvons pas connaître le bien-être.

L'Organisation mondiale de la santé estime qu'au Japon, la dépression touche entre 7 et 10 % de la population. Même en prenant en compte les maladies mentales non déclarées, ce chiffre représente toujours moins de la moitié du taux de dépression aux États-Unis : 19,2 %. Une approche globale de la vie fondamentalement japonaise peut être à l'origine d'une telle différence.

Avant la restauration de Meiji, quand le « je » de l'Occident s'est ajouté au « nous » nippon, il existait un système différent de compréhension de soi et d'acceptation au Japon. Cette approche, qui peut être décrite de bien des manières, y compris l'*ukeireru*, a montré ce que signifie faire partie d'un groupe, d'une société dans son ensemble. Pendant des siècles avant que les modes de vie occidentaux viennent définir de nombreux aspects de la vie au Japon, l'identité d'un individu était définie par les groupes.

Cela implique d'essayer d'accepter sa place dans la nature et dans la communauté. Cette approche réduit la pression de devoir trouver un sens à sa vie. Cette raison de vivre est fournie et définie par le groupe. Qu'il s'agisse d'ancêtres, de parents, d'un conjoint, d'un groupe social en particulier, ou d'un employeur, être japonais signifie que votre identité est très largement déterminée par les autres. L'avantage, quand ça fonctionne, c'est l'*ukeireru* : être accepté, avoir une place dans le monde estimée par la nature et les autres.

Le défi gigantesque du Japon, c'est la manière dont les groupes sont définis. Historiquement, comme d'autres sociétés, le Japon reste constitué d'un éventail d'organismes dominés par les hommes. D'innombrables articles apparaissent dans les médias du monde entier : un taux très faible de femmes à des postes de direction au Japon, des hommes récalcitrants à l'idée de partager les responsabilités familiales, les écoles de médecine nippones évinçant les candidates femmes, les entreprises refusant d'embaucher des femmes mariées ou des mères. Le chemin du progrès social est encore long au Japon.

L'arrivée des modes de pensée occidentaux était nécessaire pour introduire les méthodes et concepts de droits individuels au Japon.

« Les garçons, soyez ambitieux ! » C'est la devise de l'université de Hokkaido, une institution fondée par William Clark, venu du Massachusetts en 1876. (Notez bien le genre utilisé dans cette devise.) Aujourd'hui encore, ce slogan parle aux gens : tous les Japonais le connaissent. « *Boys, be ambitious* », la version anglaise de cette devise, et aussi le nom d'une chanson de musique pop et d'un manga*.

Être ambitieux, affirmer son individualité, c'était littéralement un concept étranger. La Constitution nippone d'après-guerre est elle aussi d'origine étrangère : certains de ses articles sont importés de lois occidentales.

Beate Sirota Gordon et Eleanor Hadley, deux Américaines, ont rédigé des articles dans la Constitution à propos des droits civiques. Grâce à ces deux femmes, la Constitution nippone inclut les articles 14 et 24 sur les droits à l'égalité et les droits

* Du mangaka Saburo Nagai, non traduit en français (N.D.L.T.).

civiques des femmes. L'article 14 stipule : « Tous les citoyens sont égaux devant la loi ; il n'existe aucune discrimination dans les relations politiques, économiques ou sociales fondée sur la race, la croyance, le sexe, la condition sociale ou l'origine familiale. » L'article 24 énonce : « Le mariage est fondé uniquement sur le consentement mutuel des deux époux, et son maintien est assuré par coopération mutuelle, sur la base de l'égalité de droits du mari et de la femme.

En ce qui concerne le choix du conjoint, les droits de propriété, de succession, le choix du domicile, le divorce et autres questions se rapportant au mariage et à la famille, la législation est promulguée dans l'esprit de la dignité individuelle et de l'égalité fondamentale des sexes*. »

Enfin, à vrai dire, si j'écrivais ce livre en priorité pour les Japonais, je rappellerais à mes lecteurs l'importance de remettre en question la conformité.

J'ai beaucoup discuté avec mes amis au Japon, et écouté leurs frustrations face à la pression qu'ils ressentent à se conformer aux normes et idéaux des groupes qui imposent leurs exigences. Ces exigences font peu de cas des désirs les plus profonds de chacun. S'écarter des normes du groupe peut être source de honte, de tristesse, d'inquiétude et d'isolement. Mais lorsque nous nous préoccupons avant tout *ici* de notre propre bonheur, tout ce qui peut nous y mener devient central. C'est très bien. Le yoga, la pleine conscience et la méditation sont de merveilleux moyens d'atténuer le stress.

Pourtant, si l'on s'arrête là, si l'on ne tient pas suffisamment compte des besoins des autres, les sources de malheur ne sont

* Pour la traduction française : université de Perpignan, digithèque de matériaux politiques et juridiques, https://mjp.univ-perp.fr/constit/jp1946.htm (N.D.L.T.).

pas traitées de manière appropriée. Et ces sources se perpétuent, encore et toujours.

Je ne dis pas que les efforts que vous faites pour vous accepter vous-même ne devraient porter que sur les aspects économiques qui contribuent à la maladie mentale. *Ce que je dis*, c'est que vous devriez prendre le calme – et non le bonheur – qui découle de l'acceptation de vous-même et de votre place dans la nature, et réfléchir à ce qui vous a rendu malheureux et apeuré au départ, ou même faire quelque chose à ce sujet.

Jetez un coup d'œil à cette récente annonce de l'Association de psychologie du Massachusetts concernant une conférence à venir :

« La thérapie d'engagement et d'acceptation (ACT) est une approche de soin comportementale contextuelle transdiagnostique et basée sur la science, qui peut être utilisée pour une multitude de problèmes de santé mentale. Les objectifs du traitement comprennent l'évitement expérientiel et la fusion cognitive, qui s'avèrent être au cœur des troubles de l'humeur et de l'anxiété. L'ACT utilise l'acceptation/pleine conscience et des actions valorisées/processus d'engagement pour accroître la capacité des patients à améliorer leur flexibilité psychologique. L'ACT s'est développée à partir d'une base empirique solide explorant les processus verbaux fondamentaux (c'est-à-dire la théorie des cadres relationnels) et a été évaluée dans près de deux cent cinquante essais cliniques, ce qui suggère son efficacité dans de nombreux troubles psychologiques, notamment l'anxiété, la douleur chronique, les TOC, la dépression, la psychose, l'arrêt du tabac, le stress, l'épuisement professionnel et parental. »

Mais qu'est-ce qui *cause* le stress et l'épuisement professionnel ?

À l'image du bonheur, le stress n'est pas uniquement personnel. Tout comme le Japon a abandonné le féodalisme pour devenir une nation moderne, nous pourrions profiter ici d'une restauration des systèmes, institutions et relations qui nous montent les uns contre les autres.

La fin du XIXe siècle a exigé que le Japon développe des institutions valorisant l'individualisme nécessaire pour produire et rivaliser avec le monde, et qu'il inclue toutes sortes de personnes dans la prise de décision, et non plus seulement les seigneurs féodaux, les prêtres et les moines. Le XXIe siècle exige que l'Occident développe de plus en plus de méthodes valorisant l'acceptation des autres et conduisant à changer les systèmes et institutions générateurs de stress.

Aspirez à un bien-être qui apporte la clarté nécessaire pour prendre des décisions relatives à votre vie et à ceux qui ont besoin de votre aide. Lorsque nous sommes stressés, nous prenons de mauvaises décisions, ça ne fait aucun doute. Nous agissons de manière impulsive, sans réfléchir, à peine conscients des conséquences, négligeant le plus souvent les répercussions de nos actions sur le groupe ou sur autrui. Tout devient alors une situation pressante, qui dégénère en crise ou même en urgence. Et même si vous pouvez gagner la dispute ou obtenir ce que vous voulez en étant agressif, vous aurez au passage rendu les autres malheureux et stressés – et vous avec.

Ce malheur et ce stress ne disparaissent pas tout seuls. Ils deviennent le fondement d'un prochain conflit, et de la prochaine situation dramatique.

Quand nous sommes calmes, nous pouvons choisir d'agir ou de ne pas agir.

Parce que l'Occident est constitué de nations hétérogènes, très diverses, la mise en œuvre de l'*ukeireru* ici est susceptible d'apporter un sens à notre vie. Nous pouvons équilibrer notre célébration implacable de l'individu et l'intérêt que nous lui portons en acceptant les nombreux groupes dans lesquels nous nous trouvons. Tout comme les Japonais ont évolué et changé pour le mieux en adoptant certaines méthodes occidentales, nous pouvons également tirer profit de certaines de leurs approches. Ce n'est pas l'un ou l'autre ; il ne s'agit pas de savoir quel système est le meilleur. Ni l'un ni l'autre n'est idéal. Il s'agit de créer un changement dans nos vies en ajoutant ce qui manque et en supprimant les tactiques et stratégies qui alimentent les conflits.

Ce taux de dépression de 19,2 % aux États-Unis est un chiffre considérable. On pourrait penser que la quête du bonheur aurait un meilleur résultat. Quelque chose ne tourne pas rond. Ce n'est pas seulement l'épuisement dans la poursuite du bonheur, ni la solitude.

La souffrance qui vous entoure érode votre sentiment de bien-être.

C'est inévitable, même dans les communautés fermées, même si vous vous dites que vous méritez d'être heureux, et même si vous vous sentez en droit d'avoir tous ces biens. Nous sommes une espèce empathique, programmée pour prendre soin les uns des autres, et accepter les autres, et lorsque nous sommes témoins de souffrances, partout autour de nous, nous souffrons aussi.

Chapitre 16

REVISITER L'ACCEPTATION

Je me souviens parfaitement de l'instant où j'ai compris que le Japon pourrait bien être mon exutoire au stress. Le film s'appelait *Rashomon* et je venais d'entrer dans l'adolescence. Le monde était tout noir ou tout blanc.

Mes parents avaient complètement tort, ou alors ils avaient raison à 100 %. Chaque problème avait une solution, ou s'il semblait y en avoir plusieurs, alors une seule solution était la meilleure ; les autres possibilités étaient sans intérêt.

Arrive *Rashomon*.

Nous sommes samedi soir, en été, et la chaîne 13 diffuse une série hebdomadaire de films classiques : *Jules et Jim, Les Quatre Cents coups, La Règle du jeu, La Source, Le Cuirassé Potemkine*, et d'autres, tous européens, à part *Rashomon*.

Dans le film Toshiro Mifune joue Tajōmaru, le méchant, ligoté avec des cordes, en pagne. Non seulement il se contorsionne et se tortille pour se libérer de ses liens, mais il rit au nez de ses accusateurs, grogne, et jaillissent de lui de la rage, une puissance brute, une désinhibition. C'est une vraie force de la nature.

Quel homme !

Il est accusé d'un crime, capturé et ligoté, mais toujours si indifférent à sa propre destinée qu'il reste rebelle. Il n'en a tout simplement rien à faire.

Qui d'autre réussirait ça ?

Il y a un samouraï mort (dont l'histoire est racontée par l'intermédiaire d'une médium), sa femme, un prêtre, un villageois, un juge et un bûcheron. La femme du samouraï a été violée par le hors-la-loi. Enfin, vraiment ? Que s'est-il passé ? Est-ce que le samouraï s'est suicidé ? Ou a-t-il été tué par Tajōmaru ? Les personnages donnent leur version de l'histoire, contradictoire ou incohérente. Si on les met, côte à côte, on obtient différentes histoires qui ne collent pas.

Ce que j'ai appris, c'est que chaque point de vue possède son propre élément de vérité, pas une vérité qui va mener à une conviction, ni une vérité acceptable pour les autres personnes, mais une vérité. Et cette vérité fait partie d'un groupe, c'est une manière de voir les choses ou de reconnaître que chaque personne s'accroche à sa version des faits, qui peut être aux antipodes de celle des autres. Mais au final, tout le monde accepte ces récits comme parties d'un tout.

C'était une pensée immensément libératrice, et même si bien sûr, je ne sais pas exactement dans quelle mesure ce film a marqué mon petit cerveau d'adolescent, je sais qu'il a eu une influence considérable.

Même si je n'avais pas les mots ou la conscience nécessaires à cette époque, quelque chose s'est passé après avoir vu ce film, quelque chose qui ne m'était jamais arrivé auparavant.

Pour moi, ce film voulait dire que quoi que je pense ou ressente, des idées ou sentiments souvent contraires à ceux de mes parents, tout cela était valable. J'étais une personne à part entière avec mes propres principes.

Mon père et ma mère dictaient leurs règles. Ils me disaient ce que je ressentais. J'étais comme une marionnette dont ils tenaient les fils : je ne savais pas qui j'étais ou ce que j'éprouvais à moins qu'ils ne me l'expliquent. Mais après avoir vu ce film, j'ai compris que j'avais mon propre point de vue. J'étais suffisamment jeune pour que ça me fasse l'effet d'une révélation.

Le point de vue du méchant n'était pas admirable, mais même si c'était un sale type, et il en était vraiment un, il avait une perspective que les autres personnages étaient contraints d'accepter. Ils devaient faire avec lui. Il ne pouvait pas être ignoré. Et tandis que Tajōmaru raconte sa version des faits, Kurosawa, le réalisateur, montre son histoire – et c'est convaincant.

Ma vision très personnelle et tout aussi ado du film me paraît plutôt étrange, maintenant que je l'examine avec tant d'années d'écart. Je veux dire : vraiment ? *Rashomon* comme fable de l'acceptation de sa véritable identité, sérieusement ?

Mais voici ce que j'en ai tiré : si je devais raconter ma vie chez moi, un quelconque incident ayant eu lieu ici, ma version des événements serait différente de celle de mes parents. Ce n'est pas un mauvais point de départ quand on tente d'accepter qui on est en tant que personne.

Bref, bon ou mauvais, c'est avec ce film que tout a commencé.

Les enfants qui grandissent dans des familles maltraitantes ont souvent une vie intérieure, sont inventifs et trouvent plein d'excellentes raisons justifiant la brutalité. Ainsi, l'ordre règne. Notre espèce adore l'ordre. Dans les foyers violents, les familles finissent aussi par s'habituer à la maltraitance, qui devient un mode de vie, un culte, et les personnes extérieures sont des éléments perturbateurs.

On trouve des excuses aux parents violents, et les questions soulevées par ceux qui ne font pas partie du cercle familal sont considérées comme des intrusions, voire des menaces.

La famille développe un récit commun, une version des événements qui les unit et les attache les uns aux autres. Leur intimité est exclusive, déterminante, essentielle à la définition de leur identité comme individus au sein du groupe. Quitter le groupe signifie perdre son identité, ce qui peut être terrifiant.

Ce lien intense explique pourquoi les personnes qui se libèrent de leur famille maltraitante sont souvent rongées par les doutes, la culpabilité et une impression de trahison. Non seulement elles ont perdu leur identité, une perte qui crée de la solitude, mais elles ont trahi leur famille. C'est une des raisons, parmi beaucoup d'autres, qui explique pourquoi les personnes issues de familles abusives peuvent se retrouver dans un mariage violent – c'est comme à la maison.

Et qu'en est-il de ceux qui ont eu l'immense chance d'éviter la violence, et qui connaissent ceux qui l'ont traversée, qui travaillent avec eux, écoutent leur musique, regardent leurs spectacles, construisent des relations intimes avec eux, ou lisent leurs livres ? Ce contact, artistique et émotionnel, signifie que les expériences vécues par ceux qui ont souffert de la violence façonnent ceux qui s'en sont sortis plus facilement.

C'est ce que réussissent à faire l'empathie et les relations : rendre évident que son identité dépend très largement des autres.

Quand j'étais enfant, j'entendais souvent certaines phrases. Si on refusait cette version, et qu'on osait répondre en proposant la sienne, on risquait, selon une autre expression souvent répétée : « de se voir offrir en retour sa propre tête coupée ».

Voici quelques-unes des phrases que j'ai souvent entendues :

« Les autres familles ne se disputent pas autant que nous parce qu'elles ne s'aiment pas autant. »

« Si je ne te dis pas ce que je ressens, comment tu vas le savoir ? »

« J'avais beaucoup d'attentes pour ce weekend, et tu m'as déçu. »

« J'espère seulement, et je prie pour ça, qu'un jour mon fils va revenir vers moi, mais à ce moment-là, ce sera trop tard. Je serai morte et enterrée. »

Quelques semaines après avoir regardé *Rashomon,* je me suis rendu dans une librairie Paperback Booksmith sur Front Street, juste en face du Liberty Theatre, pas loin du YWCA, et j'ai acheté des livres d'auteurs nippons.

Je n'avais aucune idée de ce qu'il fallait lire, et j'ai choisi des auteurs dont les noms étaient japonais. Les ouvrages devaient aussi être courts, moins de deux cents pages, car ma capacité de concentration et de mémorisation de mes lectures était assez limitée à l'époque.

Je passais mes jours et mes nuits complètement distrait pour tout et pour rien, toujours prompt à réagir et à juger, tellement consumé par la peur que je pensais que les autres avaient aussi peur que moi : c'était devenu une habitude de vie. J'étais tellement effrayé que je ne savais même pas que je l'étais.

Je ne savais pas non plus que la rage et la folie sous mon toit n'étaient en rien ordinaires. Je ne connaissais aucune autre forme d'intimité que celle que je partageais avec mes parents et ma sœur.

Pays de neige, de Yasunari Kawabata, a été le premier livre d'un auteur japonais que j'ai lu. Il commence par une phrase célèbre au Japon : « Un long tunnel entre les deux régions, et voici qu'on était dans le pays de la neige. »*

Puis, j'ai lu *Nuée d'oiseaux blancs*, du même auteur. J'ai toujours ce roman, dans lequel j'ai surligné :

Un soleil rougeoyant qui paraissait caresser le feuillage des arbres vénérables avant de s'enfoncer à l'horizon, en illuminant le ciel de ses ors rutilants.

Et sur le ciel éblouissant, en silhouette sombre, se découpait la cime frangée des vieux arbres, entre les branches desquels se glissaient encore les rais d'une lumière étincelante qui l'avait obligé à fermer ses yeux las.

*Comme maintenant, derrière ses paupières, tout l'or du ciel du soir était resté ; et dans cet or, il croyait voir, comme maintenant, folâtrer les mille petits oiseaux blancs d'un certain furoshiki rose.***

D'autres livres de la même époque : *Le marin rejeté par la mer* et *La mort en été*, des romans de Yukio Mishima. J'ai lu Tanizaki. *Le Goût des orties* est un court roman au sujet d'un mariage malheureux. À l'âge de quatorze ans, j'ai surligné la phrase : « Il faut être vigilant avec les enfants – un jour ils grandissent. »

Et en vieillissant, j'ai gardé cet intérêt pour le Japon, sans pour autant continuer de lire de livres sur le pays, ou voir des films

* Traduction d'Armel Gurne pour l'édition Le Livre de Poche, publiée en 1982 (N.D.L.T.).

** Traduction d'Armel Gurne pour l'édition Plon – Domaine étranger, publiée en 1996 (N.D.L.T.).

japonais. C'était bien avant que le Japon devienne une source d'inspiration pour la vie contemporaine aux États-Unis. Les gens pensaient alors toujours que le « Fabriqué au Japon » était signe d'un produit bon marché, et quand on prononçait le mot Japon, les associations d'idées tournaient autour de « Pearl Harbor », « geisha », « Hiroshima » ou « sumo » et « samouraï ». Le sushi n'existait pas encore aux États-Unis (à part dans une poignée de restaurants très haut de gamme et dans les familles nipponnes ou coréennes), et personne n'avait jamais entendu parler des *ramen*. Mais on avait déjà une franchise de restaurants japonais : Benihana !

En 2003, juste avant que je ne m'envole pour mon premier voyage au Japon, j'avais téléphoné à toutes les personnes de mon entourage susceptibles de connaître quelqu'un là-bas, ou qui avaient déjà voyagé dans le pays, et c'est grâce à ce petit réseau que j'ai rencontré Yuko et Shinji.

C'était le mois de novembre, il faisait froid, le ciel était nuageux et une fine pluie tombait lors de nos promenades dans le parc Yoyogi. Nous restions debout près des canaux. Je buvais du *shochu* dans un studio d'artiste rénové au milieu de nulle part. C'était dans un quartier éloigné, j'avais pris le taxi pour m'y rendre, et serais bien incapable d'en retrouver le chemin. Nous observions des étals des bouquinistes remplis de vieux ouvrages.

Mais surtout, nous étions ensemble. C'était un nouveau type d'intimité, avec des amis ou non, et j'ai passé beaucoup de temps à observer. Comment elle tient ses baguettes. Comment il boit son thé d'orge.

Mes amis parlaient couramment l'anglais, mais beaucoup de situations ne nécessitaient aucun mot – c'était la première fois que je vivais cela ! C'était à la fois étrange et gênant de faire des gestes pour signifier où s'asseoir ou demander quelque chose, mais très rapidement j'ai préféré le silence au discours. Je me sentais apaisé et compris. Je ne voulais pas de mots. Mes amis n'avaient pas besoin de me dire ce qu'ils éprouvaient, car je le savais déjà. C'était ma toute première expérience de l'*ukeireru*.

Mes voyages suivants au Japon, vingt-huit en tout depuis, m'ont ouvert les portes de maisons, d'écoles, de sanctuaires, de temples, de clubs de jazz ; en *rave*, dans des cafés, des auberges près de sources chaudes, j'ai vu des forêts, des océans, des sommets de montagne, des lacs, des rivières ; j'ai visité des bureaux, des appartements, des usines, des fermes et assisté à des conférences.

On m'embauche pour travailler et parler au Japon, des entreprises et médias japonais et occidentaux me demandent d'écrire sur ce pays. Le propriétaire d'une auberge sur l'île d'Awaji m'a emmené dans un sanctuaire shinto et a organisé une cérémonie de purification à laquelle j'ai participé, et je m'en suis senti purifié.

Un ami m'a autorisé à promener son chien Chocolat, un magnifique labrador retriever à la robe marron, le long du ruisseau en contrebas de sa maison, là où Bashō avait composé ses poèmes plusieurs siècles auparavant.

À Niigata, j'ai donné une conférence sur le thème : « Le sushi est-il la pizza du XXIe siècle ? » Dans la préfecture de Shizuoka, un paysan et moi avons bu du thé vert pendant qu'il parlait de ses difficultés à léguer la ferme à la génération suivante récalcitrante.

L'île de Yakushima, au sud de Kyushu, m'a émerveillé alors que je me promenais avec ma femme dans la forêt de cèdres ancestrale qui a inspiré Hayao Miyazaki, le réalisateur du film d'animation *Princesse Mononoké.*

Où que j'aille au Japon, je vis des moments qui me marquent à vie : la manière dont les gens tentent de se lier à la nature et de comprendre où est leur place en son cœur, d'accepter les autres grâce aux émotions qui restent tacites.

Le Japon que je découvre n'est en rien comparable à celui du film *Rashomon*. Comment serait-ce possible ? S'attendre à cela, ce serait comme d'aller au Mexique après avoir vu *Le Trésor de la Sierra Madre* et s'imaginer que le pays ressemblerait à ça.

Peut-être que ce n'est pas si tiré par les cheveux. Les deux films ont été réalisés peu après la fin de la Seconde Guerre mondiale, *Le Trésor de la Sierra Madre* en 1948 et *Rashomon* en 1950. Les deux longs métrages posent ces mêmes questions :

Qu'est-ce que cela signifie d'être humain ?
Comment préserver les choses qui nous rendent les plus humains quand nous sommes face à la tragédie ?
Pourquoi sommes-nous motivés par l'avidité et l'égoïsme ?

Certes, outre le lyrisme et l'acceptation du Japon, le culte de la nature, je vois la dégradation, la cruauté et l'enfermement émotionnel. La cohésion du groupe peut éroder ou détruire l'individualisme et la créativité. Ceux qui n'ont pas d'autorité sociale peuvent être privés de leurs droits par le groupe. L'acceptation peut être utilisée à mauvais escient et servir de matraque pour tenter de forcer les gens à se résigner face aux institutions et systèmes.

C'est comme faire partie d'une famille. Dans le meilleur des cas, une famille – une mère et un enfant – fait preuve d'une communication silencieuse et d'acceptation. Au pire, une famille parvient à convaincre les enfants que leurs rêves et leurs aspirations sont dénués de sens.

Comment des expériences aussi disparates peuvent-elles avoir la même origine ?

À l'adolescence, mon père a été placé dans des familles d'accueil à New York. Il n'a découvert que des années plus tard ce qui était arrivé à ses parents, sa sœur et son frère.

Je ne peux qu'imaginer les silences profonds dans lesquels il s'est enfermé en attendant des nouvelles.

Pas un mot. Pouvez-vous vous imaginer être cet enfant ?

De quatorze à dix-neuf ans, il ne savait pas que ses parents et sa sœur avaient été assassinés. Son frère a survécu à l'incarcération.

Il avait eu de l'espoir. Il était si jeune. Il avait eu des doutes. L'espoir et le doute l'ont submergé. Il était confus et désorienté.

Je me demande dans quelle langue il pensait quand il pensait à sa famille. Où ils étaient, ce qu'ils faisaient, s'ils étaient en vie. Ou s'ils étaient morts. Comment ils étaient morts.

Il a inventé des choses et m'a dit qu'il recevait des lettres d'eux bien après l'impossibilité définitive de toute communication de leur part. Juste du silence, juste ce qu'il avait d'eux dans son cœur, ou *Kuuki wo yomu*. L'attente.

Je viens d'une famille de Juifs allemands qui ont vécu en Bavière pendant des siècles : marchands de bétail, aubergistes, commerçants du textile. Mon grand-père était un vétéran de la Première Guerre mondiale, qui avait été blessé en 1917 en se battant aux côtés des Allemands en France. On en parlait rarement sous notre toit. Les traditions d'acceptation japonaises, si résilientes, sont-elles une réaction au traumatisme de la guerre et de l'histoire ? Est-ce pour cette raison que je me sens proche du Japon ?

Je ne sais pas. Mais je sais ceci :

Il ne s'agit pas d'être heureux. Il s'agit d'apprendre à vivre avec la déception, à garder les autres en sécurité, à développer une perspective qui aide à comprendre que le bonheur s'échappe quand il y a une perte.

Ce qui est perdu doit être accepté.

Après tout, pourquoi être heureux quand il y a encore tant de travail à accomplir ?

Remerciements

Je ne pense pas que j'aurais pu écrire cet ouvrage sans l'amour, le soutien, l'aide et les conseils de ma femme, Laura. De même, mes enfants Madeline et Nicholas savent comme personne me faire voir le monde à travers leurs yeux.

Ce livre n'aurait jamais pu voir le jour sans la foi et l'engagement inébranlables de mon agent, Michelle Tessler, dont la patience devrait être mise en bouteille. Mon éditrice, Renee Sedliar, est une reine du monde littéraire, et pour moi, la personne capable de me montrer où j'ai dévié et de me faire revenir au sujet. J'ai pris aussi beaucoup de plaisir à travailler avec toute son équipe chez Hachette Go et à apprendre de ses collègues, notamment Alison Dalafave et Amber Morris.

Mes amis et collègues qui ont fait grandir ma compréhension : Jiro Takeuchi, Yuko Enomoto, Shinji Nohara, Takeshi Endo, Yukiko Kamiya, Mika Horie, Hiroshi Kagawa, Ken Yokoyama, Ignatius Cronin, Rie Oshima, Robb Satterwhite, Yumi Obinata, Rumiko Obata, Daniel Boulud, Taeko Takigami, Marian Goldberg, Georgette Farkas, Kobo Senju, Kazuhiko Kobayashi, John Gauntner, Lloyd Nakano, Nancy Berliner, Izumi Nakagawa, Sachiko Nakamichi, Kazunari Nakamichi, Nozomi Obinata, Anri Yamazu, Kiyomi Tsurusawa, Kanna Izuka, Yuki Kojima, Yoko Nomura et Tatsuya Sudo.

Un merci tout particulier à Selbsanft.

Notes de fin

1. *Ways of Seeing* (« Façons de voir ») est un livre qui traite de la perception et de l'art, du critique d'art et romancier John Berger (1926-2017) publié en français sous le titre *Voir le voir* aux éditions B42 en 2014.

2. Dans son formidable livre *What Makes Life Worth Living ? How Japanese and Americans Make Sense of Their Worlds*, Gordon Mathews, anthropologue à l'université chinoise de Hong Kong, a écrit : « Les sens dominants de *ikigai* sont *ittaikan et jito jitsugen*, "engagement envers le groupe" et "réalisation de soi". L'idée est que la réalisation de soi passe par des expériences positives avec les autres. Le *Japan Times*, dans une critique du livre qui a contribué à susciter l'enthousiasme populaire, *Ikigai : le secret des Japonais pour une vie longue et heureuse*, d'Hector Garcia et Francesc Miralles, décrit l'*ikigai* comme "l'idée qu'avoir une raison d'être est la clé du bonheur". Le critique écrit : "Curieux de savoir si *ikigai* et longévité avaient un lien de cause à effet, l'ingénieur en informatique Hector Garcia et l'écrivain-traducteur Francesc Miralles ont entrepris d'interviewer les habitants d'Ogimi, Okinawa, le prétendu village de la longévité. Le livre qu'ils ont publié à l'issue de cette étude affirme que l'*ikigai* est "le secret des Japonais pour une vie longue et heureuse". C'est une affirmation à laquelle le livre ne répond pas. "Ils ne font pas le lien entre *ikigai* et longévité de manière convaincante. Le livre est plutôt un patchwork de platitudes sur l'alimentation et l'exercice physique, ponctué d'interviews de centenaires et des discussions sur les tendances en psychothérapie. Leur conclusion est une corrélation que l'on fait passer pour une causalité, c'est un livre de développement personnel déguisé en pseudo-philosophie". » De nombreux autres livres sont parus ces dernières années, célébrant l'*ikigai* et suggérant que c'est cela, la clé du bien-être. Ce n'est pas tout à fait exact.

3. Dans son livre *What Makes Life Worth Living ?* Mathews décrit l'importance du *shudan seikatsu*, qu'il traduit par « vie en groupe », pour développer des qualités d'empathie *via* des liens sociaux. L'ouvrage fondateur de Thomas Rohlen, *Japan's High Schools*, décrit parfaitement ce que Mathews pense, et c'est pourquoi Mathews y pioche une longue citation : « Si nous examinons de près le cycle

de développement, nous constatons qu'à chaque étape, de l'école maternelle au premier emploi, les mêmes routines de base sont réitérées et les mêmes leçons sociales répétées de nombreuses fois. Le partage des tâches ménagères, les codes vestimentaires, les dicussions collectives, les schémas de rassemblement et de déplacement des groupes [...] sont réappris à chaque nouveau niveau atteint [...]. L'accent est toujours mis sur la standardisation des pratiques fondamentales et la compréhension de leurs implications morales dans le contexte du *shudan seikatsu.* »

4. L'unique saké servi au NOBU, célèbre restaurant de Manhattan, provient d'un brasseur sité sur l'île de Sado, dans la préfecture de Niigata. J'aimerais pouvoir dire que je fais un placement de produit, mais ce n'est pas le cas, car lorsque nous avons fêté là-bas les dix-huit ans de mon fils Nick, l'addition a été pour nous, ce qui est normal.

5. Ce type d'accueil d'urgence offre généralement un logement sûr et temporaire aux personnes sans abri ayant des enfants.

6. Roland Barthes remarquait, dans *L'Empire des signes*, son livre à propos du Japon, que les sens ne sont pas figés et que la fluidité des mots donne de la profondeur aux textes. La compréhension de la langue est donc souvent plus un processus d'interprétation qu'un ensemble d'absolus fixes. C'est peut-être pour cette raison que la notion de confiance dans une relation est tellement fondamentale pour les négociations au Japon, bien plus que le contenu de l'échange, car si le contenu est ouvert à interprétation, la relation l'est moins : soit on fait confiance à la personne, soit on ne lui fait pas confiance. La langue n'est pas aussi fiable.

7. Yuko est écrivaine et a également édité l'ouvrage épique et classique de Theodore Bestor sur Tsukiji, le marché aux poissons mondialement connu (le livre a été co-traduit en anglais par Shinichi Fukuoka et Masako Wanami). Bestor est un éminent anthropologue de Harvard dont le travail est fondamental si vous souhaitez en apprendre plus sur le Japon.

8. Kiyomi est une vraie fan de Miles Davis, surtout de son album *Someday My Prince Will Come.*

9. Version française parue en 2015, traduction de Monique Bacchetta, éditions La Fontaine de Pierre.

10. Les écoles japonaises exigent un *o-soji*, un nettoyage des salles de classe et des couloirs. Les médias occidentaux rapportent

cet événement comme s'il s'agissait d'un acte d'abnégation et de fierté étonnant. Les écoles sont impeccables, mais il y a *peu de programmes inclusifs* pour enfants aux besoins spécifiques, et peu de modifications des salles de classe pour les enfants ayant des difficultés d'apprentissage. Les progrès sont évalués par d'innombrables examens standardisés plutôt que la participation à des discussions ou l'analyse de travaux écrits.

11. Ce qui ne rend pas la tâche aisée aux touristes occidentaux qui ont des allergies ou préférences alimentaires.

12. Donald Keene, qui a vécu à Tokyo la majeure partie de sa vie et dont les merveilleux écrits ont fait connaître le Japon à des millions de personnes à travers le monde, décrit l'expérience esthétique comme le fait de se trouver « dans une pièce typiquement japonaise avec un *tatami* recouvrant le sol, un *shoji*, un *tokonoma* contenant une peinture à l'encre et une composition florale, et, juste dehors, un jardin discret qui est une partie essentielle de la pièce ».

13. Pour la version française : *Poèmes*, traduction française de Michèle Pinson, Ghislain Sartoris et Alain Suied parue aux éditions Gallimard, collection Du monde entier (1985).

14. Attention : les problèmes du Japon sont liés à sa dépendance excessive à l'égard des groupes pour donner un sens à la vie des individus. Les gens peuvent avoir honte d'être tristes : ils peuvent s'en vouloir parce qu'ils ont l'impression de ne pas être à la hauteur du groupe en se « laissant aller » à une émotion qui fait souffrir les autres. La psychothérapie est rarissime. Il y a une vraie pression à faire partie du groupe, même lorsque l'identité individuelle d'une personne se trouve déséquilibrée par la soumission à la pensée de groupe.

15. Seulement depuis 2011, et certes, généralement pas à des postes très rémunérés ou de direction, au prix d'un choix entre une carrière et des enfants, et souvent pour des contrats à durée déterminée d'un ou deux ans. Certaines entreprises exigent même que les femmes occupant des postes administratifs portent des talons hauts et, si elles ont une mauvaise vue, qu'elles portent des lentilles de contact et non des lunettes. Personne ne penserait au Japon pour prendre la tête du mouvement en faveur des droits des femmes. Elles ne font pas partie du noyau dur du Japon, et cette pratique d'exclusion par les groupes dirigeants les empêche d'avoir l'autorité nécessaire pour changer la situation. Les Japonais partagent

avec les autres hommes de la planète une volonté et un désir d'être inflexibles, manquant de perspicacité et d'équité.

16. Hong Kong est classé 1er avec une longévité globale (hommes et femmes) de 84,7 années. L'espérance de vie au Japon est de 84,5 ans, et de 78,9 ans aux États-Unis.

17. Selon l'Organisation de coopération et de développement économiques (OCDE), en 2015, le rapport entre le revenu moyen des 10 % les plus riches et celui des 10 % les plus pauvres au Japon est de 4,5 %, contre 18,5 % aux États-Unis. Récemment, un article de la BBC a remarqué à propos du Japon : « Non seulement cette nation insulaire est la mieux classée d'Asie par la Banque mondiale pour l'efficacité globale de son gouvernement, l'État de droit et la stabilité politique, mais elle a également reçu les meilleures notes en Asie selon l'indice de progrès social (ou SPI) pour son accès aux connaissances fondementales, à l'eau et à l'assainissement, ainsi qu'à l'alimentation et aux soins médicaux. L'assurance maladie est universelle, bien qu'elle puisse être coûteuse puisque proportionnelle au revenu et prélevée sur les salaires – mais les résidents peuvent se rendre chez n'importe quel médecin à tout moment et les coûts sont plafonnés. Le système éducatif est un autre point fort du pays ; l'école primaire et secondaire est obligatoire, et les écoles nippones se classent bien par rapport à la moyenne mondiale. Bien que les écoles soient très réglementées et dogmatiques – ce qui peut conduire à une standardisation excessive, elles ont fait de l'alimentation un élément clé de l'instruction, avec des déjeuners scolaires préparés à partir d'ingrédients cultivés localement et associés à des cours de nutrition et d'histoire de la nutrition. »

18. Traduction française d'Odile Demange et Isabelle Taudière, parue aux éditions Fayard (2018).

19. La quantité de caféine dans le thé vert varie selon la marque et la durée d'infusion. Aux États-Unis, la plupart des thés sont assez pauvres en caféine, tandis qu'au Japon, ils en contiennent environ quatre fois plus. Je peux en témoigner : au Japon, au cours d'une journée de réunions, où l'on sert à chacun du thé vert que nous sommes tous censés boire, je reste souvent éveillé bien au-delà de mon heure de coucher habituelle. Buvez, comme toujours, avec modération.

20. Un article paru sur nippon.com indique qu'au Japon, « selon les chiffres du recensement de 2015, l'âge moyen des salariés travaillant principalement dans l'agriculture a augmenté de 7,2 ans au

cours de la dernière décennie pour atteindre 67 ans. [...] L'augmentation de l'âge des agriculteurs – et la diminution de la main-d'œuvre qui en découle – est considérée comme un facteur clé dans le nombre croissant de champs en jachère et abandonnés à travers le pays, ce qui fait craindre la ruine des zones agricoles. » Comment le thé peut-il survivre ? Grâce aux subventions. L'agriculture est fortement subventionnée par l'État japonais, et si une majeure partie de cet argent revient aux riziculteurs, groupe important d'un point de vue politique car soutien du parti au pouvoir, le thé dépend du gouvernement pour survivre. Nokyo, l'Union centrale des coopératives agricoles, qui comprend les producteurs de thé, lutte continuellement contre les importations concurrentes au Japon, tente d'obtenir davantage d'allégements fiscaux et donne la priorité à leurs demandes de subventions. Mais leur avenir est précaire.

21. L'unité classique dans un bar nippon est d'environ 3 cl d'alcool. Comparez cette quantité aux 6 ou 9 cl versés dans les établissements américains. De nombreuses raisons expliquent cette différence, notamment la difficulté pour environ la moitié des Japonais à métaboliser l'alcool, car ils ne possèdent pas l'enzyme aldéhyde déshydrogénase en quantité suffisante dans leur organisme, ce qui peut provoquer un rougissement du visage, des nausées, de la fatigue et une ivresse rapide.

22. Le chef Boulud avait été invité à un voyage au Japon grâce à une association complexe de sponsors, de la James Beard Foundation à Park Hyatt en passant par la Japan Airlines. Comme je faisais beaucoup de reportages radio à l'époque, Daniel m'avait proposé de l'accompagner. J'avais deux semaines de préavis pour faire mes valises. Deux autres écrivains, Adam Sachs et Adam Rappaport, nous ont rejoints, et notre bande a exploré Tokyo de fond en comble. L'équipe du restaurant a dû travailler la plupart du temps, mais les autres auteurs et mon producteur radio étaient libres de leurs mouvements.

23. Dans le métro, des agressions sexuelles (frottage, mains baladeuses...) existent bel et bien. C'est tellement grave qu'il y a maintenant des rames de métro « réservées aux femmes » à Tokyo aux heures de pointe. Le *Japan Times* a également rapporté le 23 mai 2019 qu'il existe une nouvelle application anti-mains baladeuses, l'application Digi Police, qui « soit émet une voix criant "arrêtez ça" à plein volume, soit affiche un message de SOS en plein écran que les victimes peuvent montrer aux autres passagers autour : Il y a

un agresseur. Aidez-moi, s'il vous plaît. » Il est interdit d'idéaliser le Japon ! Même si la plupart du temps, la vie privée et la sécurité des personnes sont respectées, il faut agir immédiatement au Japon pour que les valeurs culturelles positives soient plus répandues. Ces valeurs existent : les hommes doivent y adhérer, tout comme pour les lois, et les hommes doivent être poursuivis en cas de violation des règles. Quel est l'intérêt d'avoir des lois si elles ne sont pas appliquées ? Les hommes doivent inclure les femmes dans le groupe dans lequel *elles* se trouvent, ce qui leur permet à *elles* d'être acceptées. Le malheur de la société se nourrit de la dévalorisation des autres.

24. Merci à Sanja Miklin, doctorante au sein du département du CHD, développement humain comparé, à l'université de Chicago, qui m'a fait parvenir ces données.

25. Selon l'OCDE, « le produit intérieur brut (PIB) est la mesure standard de la valeur ajoutée créée grâce à la production de biens et de services dans un pays pendant une période donnée. Il mesure également le revenu généré par cette production, ou encore le montant total dépensé pour les biens et les services finaux diminué des importations). Bien que le PIB soit l'indicateur le plus important pour capturer l'activité économique, il ne fournit pas une mesure adéquate du bien-être matériel des individus pour lequel d'autres indicateurs sont plus appropriés. »

26. Cité dans le *Japan Times*. « Japanese Firms Starting to Encourage Employees to Take Naps at Work » (Les entreprises japonaises commencent à encourager leurs employés à faire la sieste au travail), 22 novembre 2018.

27. S'inspirant de cette décadence ultime, une entreprise américaine basée dans le Minnesota (État surnommé la « Terre aux 10 000 lacs ») a choisi un nom qui rappelle le mode de vie à Sybaris, ancienne colonie grecque du sud de l'Italie : Sybaritic. Inscrivez-vous et obtenez votre propre capsule privée où il est possible, selon son site web, de « faire un avec l'eau ». Le Sybaritic Relaxwell Oceanpod a attiré mon attention : il est élégant, un plaisir pour les yeux, et à 23 995 $, ce serait le plus beau cadeau de Noël du monde, si jamais ma femme lit ceci et veut faire un crédit conso.

28. Vous pouvez toujours vous offrir le luxe absolu dans des spas d'exception, comme les magnifiques bains de Vals, en Suisse, conçus par Peter Zumthor, lauréat du prix Pritzker, la plus prestigieuse

récompense en architecture. Ou visiter un certain nombre de lieux de retraite haut de gamme en Europe et en Amérique du Nord.

29. Quelques réserves : les tatouages sont presque toujours tabous dans les bains au Japon, même dans les hôtels et les auberges, car les Japonais les associent à l'appartenance à des *yakuzas*, des syndicats du crime organisé. Les *yakuzas* adorent les tatouages, et si vous êtes un Occidental au Japon avec un tatouage, on peut vous refuser l'entrée d'un bain ou vous demander de le recouvrir d'un pansement (s'il est assez petit, comme les dés sur mon biceps gauche, pour être caché).

30. À l'origine des bains de forêt, on trouve M. Amos Clifford : il travaille depuis longtemps dans les domaines des thérapies complémentaires, et voue un véritable amour à la nature. Il a réussi à combiner ces compétences grâce à sa créativité. Ce qui est fascinant dans le parcours de Clifford, c'est son travail dans le domaine du changement thérapeutique. Il s'agit de l'acceptation de soi au milieu de la nature et de l'expérience de soi en tant que partie intégrante de la nature, et il est tout aussi important de reconnaître que c'est là que se trouve notre place.

31. Une des entreprises surfant sur cette tendance est AIRE Ancient Baths (beaire.com/fr), qui possède des bains à Manhattan, Barcelone, Chicago, Londres et Paris.

32. Paru en 1990, non traduit en français.

33. En japonais, le mot vin se prononce… *wine* (vin en anglais).

34. Si le silence au Japon est extrêmement utile pour développer la confiance, respecter les autres, apprendre en écoutant et en observant, et accepter le monde autour de soi et en soi, il peut aussi être un signe de peur, de honte, de tristesse et de résignation. Comme je l'ai dit au début du livre, gardons uniquement le meilleur de la culture japonaise. Nous pouvons éviter de nous taire lorsque la prise de parole est nécessaire, utile et constitue la meilleure option. Ne restez pas à souffrir en silence.

35. Sauf, bien sûr, pour en parler des années plus tard dans un livre, et refuser à jamais de remonter à bord d'un avion de Delta. Mais en colère ? Je ne suis pas en colère. Qui parle de colère ?

36. D. T. Suzuki (1870-1966) était un écrivain et philosophe japonais, marié à Béatrice Erskine Lane, philosophe américaine.

37. Si ces mots vous font penser à Marie Kondo, *sumimasen*. Accrochez-vous encore quelques minutes.

38. Un reportage de BBC remarque : « Marie Kondo est loin d'être la seule à prôner ce mode de vie plus simple et plus rangé. Au Royaume-Uni, Sophie Hinchliffe, mieux connue sous le nom de Mrs. Hinch, a prouvé à ses abonnés Instagram et aux téléspectateurs comment une maison plus propre et mieux rangée peut mener à une vie meilleure, tandis qu'en Californie, l'organisatrice professionnelle Beth Penn a écrit un livre et créé sa propre entreprise pour aider les gens à ranger leurs affaires. Il existe des dizaines d'autres livres et services de désencombrement que l'on peut trouver en effectuant une simple recherche sur Internet. » Une étude menée par les psychologues Rena Repetti et Darby Saxby de l'UCLA a révélé que les mères vivant dans des maisons en désordre avaient des niveaux plus élevés de cortisol, l'hormone du stress.

39. La première règle du Collectif international de rangement est : il n'existe pas de Collectif international de rangement.

40. *Kaiseki* est un *kanji* signifiant « pierre dans la poitrine » et fait référence à une pratique séculaire que les moines bouddhistes observaient en hiver. Ils plaçaient des pierres chaudes sous leurs robes pour se protéger du froid. Littéralement « nourriture qui réchauffe le cœur ». Pas de nos jours ! Maintenant, on procède ainsi : de multiples plats composés de très petites quantités de nourriture intensément aromatisée arrivent un par un. Les plats respectent strictement la saisonnalité, et mettent l'accent sur les couleurs, la présentation, la texture et la température. C'est à la cuisine japonaise ce que la haute gastronomie est à la cuisine française : rare, enracinée dans une tradition aristocratique, et actuellement une expérience typique exclusivement réservée aux riches.

41. Le Dr Kobayashi remarque qu'en 1900 au Japon, « la production d'œufs n'était en moyenne que d'un œuf par personne et par mois... L'interdiction bouddhiste de tuer des animaux a conduit à des limitations de plus en plus strictes de la consommation d'aliments d'origine animale, bien que le poisson et d'autres espèces marines en aient toujours été exemptés... ainsi que divers substituts de viande à base de tofu et de gluten de blé ».

42. En ce qui me concerne, la pizza n'est pas un repas de restaurant. À Boston, la Galleria Umberto, mon restaurant préféré en ville, sans exception, sert sans doute les meilleures pizzas siciliennes carrées du pays, sans garniture. Je suis convaincu que si Dogen

était vivant aujourd'hui, à Boston, en tournée de promotion de son livre, il considérerait Ralph et Paul Deuterio, les propriétaires de la pizzeria, comme des maîtres zen.

43. Un chef bien connu de Boston a enrichi ma compréhension de la situation en disant : « La différence entre un restaurant quatre étoiles et les autres, c'est une salière. »

44. Paru en français en 2013 aux éditions Philippe Picquier.

45. Il faut toutefois préciser que davantage de procès civils sont souhaitables au Japon puisqu'il n'y a eu qu'une action limitée contre des entreprises comme Tepco et Chisso, qui ont causé des ravages environnementaux et des pertes humaines.

46. Exit, une entreprise récente installée à Tokyo et dirigée par Yuichiro Okazaki et Toshiyuki Niino, offre aux salariés la possibilité de démissionner sans l'annoncer eux-mêmes à leur supérieur. « Pour un forfait de 50 000 yens (457 $), Exit appelle le responsable hiérarchique de leur client et donne sa démission en son nom. Okazaki estime à une trentaine le nombre d'entreprises proposant des prestations comparables au Japon. » Imaginez un service similaire aux États-Unis : pas de scandale, pas de confrontation, juste un « Bonjour, je suis Bob d'Exit. Je vous appelle de la part de Mary Wilson : elle démissionne ! » Cette méthode diminue l'autorité de l'employeur tout en préservant le bien-être émotionnel de l'employé. Un bon nombre de personnes restent à leur poste uniquement pour éviter le stress d'avoir à dire : « Je démissionne. » Mais au Japon, comme aux États-Unis, « ces dernières années, de plus en plus de gens changent d'emploi et la main-d'œuvre diminue : nous sommes dans un marché de demandeurs d'emploi ». Et voici Exit : « Les gens changent, mais la culture non, les entreprises non plus... c'est pour cette raison que les gens ont besoin de nous », explique Okazaki.

FSC
www.fsc.org
MIXTE
Papier issu
de sources
responsables
FSC® C022829

Cet ouvrage est composé de matériaux issus de forêts bien gérées certifiées FSC®, de matériaux recyclés et de matériaux issus d'autres sources contrôlées.
Le Forest Stewardship Council® est une organisation internationale non gouvernementale qui encourage une gestion écologiquement adaptée, socialement bénéfique et économiquement viable des forêts de la planète. Pour en savoir plus, consultez le site www.fsc.org

Achevé d'imprimer en octobre 2020
sur les presses de la Nouvelle Imprimerie Laballery
58500 Clamecy
Dépôt légal : novembre 2020
N° d'impression : 009148

Imprimé en France